大峯今昔

Zenitani Buhei
Oomine Konjaku

錢谷武平

東方出版

まえがき

平成十六年、かねてから待望の熊野古道大峯奥駈道が世界遺産に登録された。

大峯山すなわち山上ケ岳は、その昔、修験道の開祖、役行者が開いた山として知られ、大峯修行の山伏、また五穀豊穣を祈る農民たちや商売繁盛をねがう商人たちが、毎年講社を組んで登山参拝をしていた。

大峯山系は、また、隣接する大台ケ原と同様に降雨量が豊富で、石楠花《しゃくなげ》など高山植物の種類も多く、吉野駒として珍重された駒鳥や鹿、羚羊《かもしか》など動物も棲息し自然の宝庫でもある。

長い異郷の生活から退職、帰郷後、大峯山系の自然誌や役行者に関する伝記や遺跡などの調査を始めた。珍しい高山植物や動物など生物に関しては、江戸時代の古い書物などからも探ってみた。

役行者の山中における衣食はどのようであったのだろうか、伝記など記録の中から拾い出してみた。奇妙な現象の体験者もいるもので、ある時季には山中に麝香《じゃこう》のような芳香が漂ったり、高山の岩壁に着生する岩茸を採集するためには命がけの覚悟が必要で、九死に一生を得たような体験者もいたのであった。

　奥吉野のような山村には、有用な薬草などの植物もあれば、珍しい動物もいる。蜂蜜をとるために、その巣を捜したり、珍奇な蛇類ツチノコが、今も何処かにいるらしい。

　江戸期には、山上ケ岳の山頂近くに地元洞川《どろがわ》から土産物の出店があり、名薬陀羅助《だらすけ》とともに石楠花の木で物指を作り販売していたので、特に物指は女房が希望の土産物だったそうである。他方、奥駈け修行者を悩ませたのは道中の竹藪であったが、この竹は合戦の弓矢の材料に好適で、天川村において、毎年大坂城に納付を命じられ出荷をしていた。

　明治時代になって、長崎の原爆の地、浦上のキリシタンが、天川村に移され鉱山労働に服したが、その地にも滝でうたれて水行する修験の行者がいたことや、日本アルプスのような登山熱が起こりかけた大正初期に、わかい中学生の山上ケ岳で春雪に遭難死する悲劇もあった。また、戦後における男女同権運動から大峯の女性登山禁制に反対する解放騒動など度々起きていた。

　こうした調査した多くの記録の中から、選出し新たに編集したのが本書である。大峯山系の自然や山上詣りの逸話など，少しでも何か参考になれば幸である。

平成二十三年十月二十日

著　者

目次

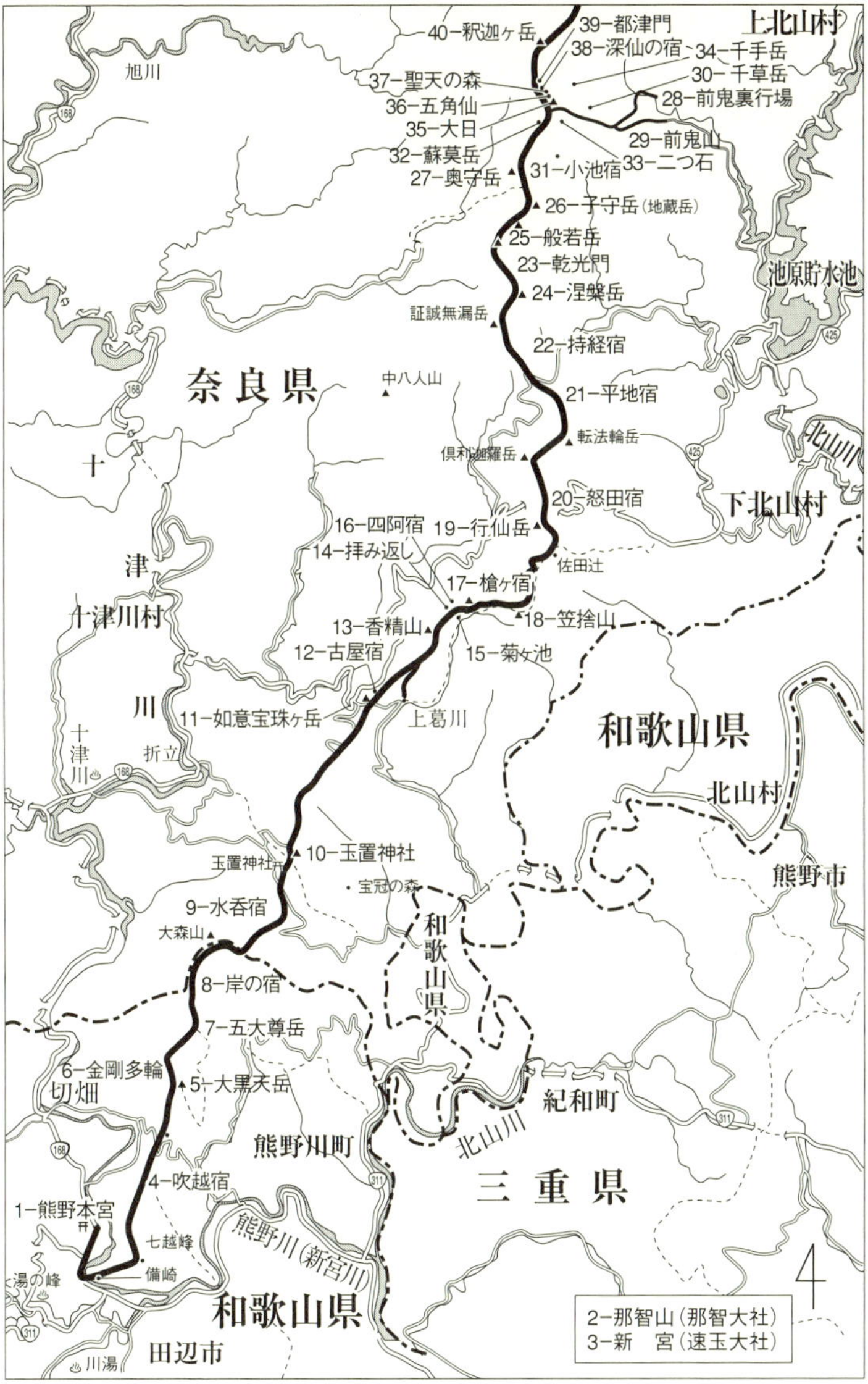

熊野本宮から深仙まで（靡1～39）

釈迦ヶ岳から吉野（靡40〜75）

Ⅰ　大峯山系の生物にまつわるお話

一　行者の衣食――葛を衣に松を食う

役行者は、三十余歳の頃、葛城の山中に籠もって、ひたすら修行三昧の生活に入った。小角が、家を捨て葛城山中に籠もったのであるが、山の中で活きるために、何を着て何をたべていたか。

人々は、生きるために、「山の幸、海の幸」を求めていたが、山にすみ山でくらす行者には、山の幸である山菜などにかぎられるだろう。

役行者の伝記には、必ず葛城山で「葛を着て、松を食い」、鬼神に水を汲み薪を取らせたとある。衣は、藤衣あるいは葛布が想像され、食は松、住はおそらく岩屋であった。また、いくら仙人になったといっても、霞を喰っては生きてゆけまい。

役行者の山中の生活、衣食について、

「葛を被、松を食べ」(『日本霊異記』)、「窟中にいて藤皮をき給い、松葉を食い物として清泉をあわみ」(『三宝絵詞』)、また「藤葛を衣となし、松果を食に充て」(『元亨釈書』)と書いてある。

葛あるいは藤と松とが、役行者の山中における衣食を象徴している。

一、「葛を衣に」

まず、役行者が身にまとった衣について、最初の『日本霊異記』には、葛となっている。

ここで、葛とは、葛城の葛か、藤かということである。葛城の名の由来は、むかし神武天皇が九州から攻めてきたときに、この山に立てこもった土蜘蛛《くも》族の抵抗にあい、苦戦をした。その時に、葛を編みて網とし、この網で彼らが隠れていた岩穴の入口をふさいで、ついに滅ぼしたといわれていた。この葛とは、おそらく「葛かづら」であったのだろう。

大和の各地には、葛が密生している土地があり、葛の根は食糧に、その繊維は衣を織る材料にしていた。平城の北、京の山城の葛野にも、名のように葛が多かった。この手近にある植物の強い繊維を利用して、衣を作り体をおおったのであろう。

ところが、何時のまにか葛ではなく、本当は藤あるいは藤葛に変わっているようだ。おそらく、実状を知らない作者が、当時の「藤布」を役行者の着物としたからである。

明治時代の前までは、大和の山間部では、藤や葛から荒い繊維をとりだして衣を作り、「フジコギ、フジキモノ」といって着ていたという。大峯山麓の洞川でも、江戸期には、それを着ていたようで、また、十津川、大塔、天川などの村でも、山行きの着物によく使われたという。

「ヒウラフジノマフンジン」(日裏の真藤布、南の日をうけた土地にはえた藤で混じりけのないもの)は、とくに強くてイバラに引っかかってもなかなか破れなかったそうだ。フジコは、染めずにそのまま着たもの[1]である。

和歌山県の日高郡地方では、大正時代の末期までは、藤布を織って着ていた。着物に用いなくなってからでも、足袋の裏底、また白豆腐を作るときの藤袋にした[2]そうである。

現在でも、一部の地方では、藤布や葛布を織る老人が、生きていると、テレビで放映されたことがある。例えば、静岡県掛川市には、まだ葛布が残っており、老人がこの幻の布を作っていた。使用の目的によっては、とてもよいらしい。藤布は、京都府宮津上世屋のものが紹介されていた。

二、松は長寿食

次に食としての「松」を考えてみよう。役行者の頃、葛城山には松が多かったのであろうか。金剛山をみると、松は必ずしも多くは無かったであろう。赤松が、赤坂付近にある。本来はブナが生い茂った原生林が想像される。

最初に出てくる行者の食物として『日本霊異記』には、単に「松」としているが、後になると、これが松葉あるいは松実と、具体的に書かれている。

松は、仙人の食物である。古い中国の『抱朴子』には、仙人が松の葉や松果(実)を食べたことがでてくる。『列仙伝』をみると、毛女は、松葉を食い飢えも凍えもせず、身は飛ぶように軽く、身体には毛が生え岩屋の中で琴を弾いていた。彼女は、元は始皇帝の宮女であった。

日本でも、大和三輪山の近くに住んでいた行者、溝口氏は、何日もの間、松葉だけで暮らしたことがあると、昭和三八年（一九六三）に自信をもって語ったという。これを食べると、千里眼や透聴力が発達してくるそうである。[3] また、宗教家の清水精一氏は、丹波の山中で三年の間こもって修行したが、その間、松葉だけを食べておられたそうである。慣れるまでは、腹痛や下痢に悩んだが、その後は、非常に健康で感覚が鋭くなったという。[4]

あるいは、松の実を食べたという中国の仙人アクセンは、好んで松の実を食べ、身には毛が四、五寸も生えていた。赤須子《せきしゅし》は、好んで松の実、天門冬や石脂を食べたので歯も毛も生え変わったという。また、子も黄初平《こうしょへい》も、ともに松の実を取って団子にして服用していたので、数百歳になっても元気であったという。また、中国の仇生仙人は、常食として松脂を食べていたとある。

この他、実際に松を食べた事例を調べると、やはり、松葉・実（松果）の外に松の甘皮を食べた話がある。天明の飢饉の際には、草木の葉や根を取って食べ、ウル根（烏瓜の根）や松の木の皮、ワラビの根を取って餅にして食べたりしたとあり、[5] 飢饉の際には、およそ毒にならないものは何でも利用したようである。

天保・天明の飢饉の際に、東北地方でも松の皮を食用にした。今も松皮餅をつくる。秋から春にかけて赤松の皮が剥ける。外皮を除いたレンガ色の軟らかい皮だけをつかう。[6]

大台の仙人といわれた小野木喜兵衛さんは、一二年間も山にこもったそうであるが、その食物として松の皮を食べていた。五条覚雄氏の語るところによると、松の木の甘皮を叩いて食糧[7]にしていた。

三、山伏の食べ物

それでは、山中で実際に修行していた山伏は、何を食べていたのだろう。金峯山の行場に籠もった良算は、すべての穀と塩を断って、ただ木の葉だけを食べた。

また、行者の陽勝は、厳しい穀断ちをして、青いものしか食べなかったが、さらには、青いものもあきらめて、木の実と種子だけを食べたという。

木喰上人も、五穀を断って代わりに、木ノ実・種子・木皮・松葉を穀の代わりに食べたという。

人間の体には、三つの寄生虫が住み、それらが長い間に寿命を縮め、これらの虫が好むのが五穀である。もし、五穀を断つと虫どもが飢えて、人体を離れるから寿命が伸びるという道教の三尸の教えからきているという。

これらの他に、考えてみれば、いろいろな食物が浮かんでくる。木の実としては、季節によって、柿・栗・あけびなどもあっただろうし、現在、山菜として採集されているものも多い。山中には、行者ニンニク・行者イチゴ・行者の水・行者アザミ・行者カヅラなど、行者の名がつく植物もある。

当時は、葛城の山中[8]には、葛根・自然薯や百合根なども豊富で、木の実・山野草などを採取して原始人にも似たような食生活であったかもしれない。

むかし、聖の好むものとして、後白河法皇の編著である今様歌謡集通『梁塵秘抄《りょうじんひしょう》』には、

「聖の好むもの、比良の山をこそ尋ぬなれ、弟子遣りて、松茸・平茸・滑薄《なめすすき》さては池に宿る蓮の這根・芹根・蓴菜《ぬはな》・牛蒡・河骨・独活・蕨・土筆」

をあげてある。また、「凄き山伏の好むものは、あじきないくたやまかかも、山葵、こし米、水雫、沢には根芹とか」とある。しかし、これらは、大峯葛城の修行山伏には、むしろ縁の少ない食物のようである。せいぜい、ウドかワラビのたぐいであろう。しかし、大峯山をはじめ修験の山では、「行者ニンニク」のように「ギョウジャ…」という言葉をつけた植物が、いくらか知られている。

「行者」という名前を冠した植物について述べてみたい。

1、行者ニンニク

畔田翠山『吉野郡物産志』には、「葱蔥」行者ニンニクというのがある。

「山上嶽釈迦嶽及ビ大峯通ニ産ス。多ク叢生ス。高サ一二尺葉玉かんざしニ似テ窄ク柔軟也。断バ葱の気アリ。夏一茎を抽スコト尺許、頂に袋アリ其蕾なり。後開キテ五弁白色聚開、秋苗枯レ宿根ス」。

ギョウジャニンニクは、ユリ科の多年草で、本州中部以北の深山で針葉樹林内に生える。高さ四〇〜七〇センチメートル。地下に、長さ四〜六センチぐらいの長楕円形の鱗茎がある。葉は二または三枚で根生し、基部は茎の下部を包み、葉身は長楕円形で長さ二〇〜三〇センチ。夏、花茎を直立し、頂に白色、または淡紫色の小花を球状にあつめてつける。ニンニクに似たにおいがある。

これには、他に、ギョウジャビル・エイザンニンニク・ヤマビル・コビル・テンダイビル・ゼンジョウニンニクなどの名がある。また、修験の行者や宗派に関係がありそうな名前もある。「大和本草」には「天台ニンニク・行者ニンニクと云う…臭からずして仏氏も食うべし。故に名づく」とある。

食べる部分は、鱗茎と葉、つぼみも利用できる。香りが強くうまいので、味と香りをおぼえると病みつきになるらしい(9)。採取の時季は、若い芽が四〜六月、つぼみは六月まで、鱗茎はいつでもよい。ニンニク臭をなくして食べるこつは、切り口をできるだけ空気中にさらさないようにすることである。若芽と葉はさっとゆでて、おひたし、あえもの、酢のもの、生のまま汁の実、てんぷらなど。鱗茎は生のまま味噌をつけてかじってもよい。つぼみはゆでて酢の物、生のままて

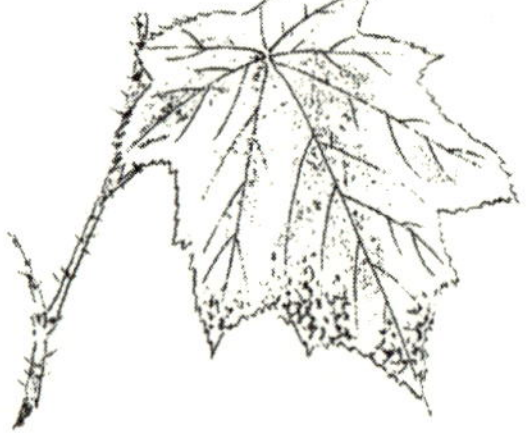
行者イチゴ（『吉野郡物産志』）

んぷら。

2、行者イチゴ

畔田翠山によると『金嶽草木志』には「高さ三四尺葉ハ手ノ如ク、五尖鋸歯アリ葉ノスジ荷《はす》ノ葉ニ似テ茎葉心ニ附ク茎ニ刺アリ」とある。『吉野郡物産志』には「行者イチゴ」は大峯方言とし、「ハスノハイチゴ」とある。白井光太郎氏は「ハスイチゴ[10]」としている。「弥山釈迦嶽を経て大峯通、大台伯母嶺に多し。苗高さ三四尺茎圓淡緑色にして白粉を帯、茎に刺あり、葉互生して、木芙蓉葉に似て葉尖長く皺文ありて緑色、葉の茎葉心に附いて荷葉の如し、葉背に刺あり夏枝梢イチゴの如き五弁白花を開き、後実をむすび、紅色イチゴの如し冬葉茎のこる」。

大峯山中には、『金嶽草木志』によると「トックリイチゴ」があり、味甚美也とある。これは「コジキイチゴ」という。また『吉野郡物産志』によると、他にキイチゴ・五葉イチゴ・細葉クサイチゴ・小葉フユイチゴがある。

3、行者の水「行者水」

三角蔓（ブドウ科ブドウ属）の別名である。山地に生え、巻きひげで他の木にからみつく。葉は四〜九センチの三角状卵形で薄く、ふちにあらい鋸歯がある。五、六月、淡黄色の小さな花が多数開く。雌雄異株。果実は直径七ミリの球形で黒く熟し、食べられる。

山中修行の行者は、蔓を切るとしたたり落ちる水でのどをうるおしたので「行者の水」と称した。天葛、漢名トトキは、古い太いツタの蔓を切った切り口からでる甘汁のことであるが、これは「行者の水」と誤解されやすい。

4、行者アザミ

大峯の「植物調査報告」によれば、「ギョウジャアザミ」（行者アザミ）もかなり広く分布している。翠山は、山ゴボウ（天川方言）は、ガンクヒアザミ也という。

その他に、行者フキ・行者ソウというのがある。洞川では、普通の山蕗をよく採集してたべるが、「行者ブキ」と称する野草はたべない。その確かな和名はしらない。また、『本草綱目啓蒙』には、薩州では「イトスゲ」を「行者草」というとある。

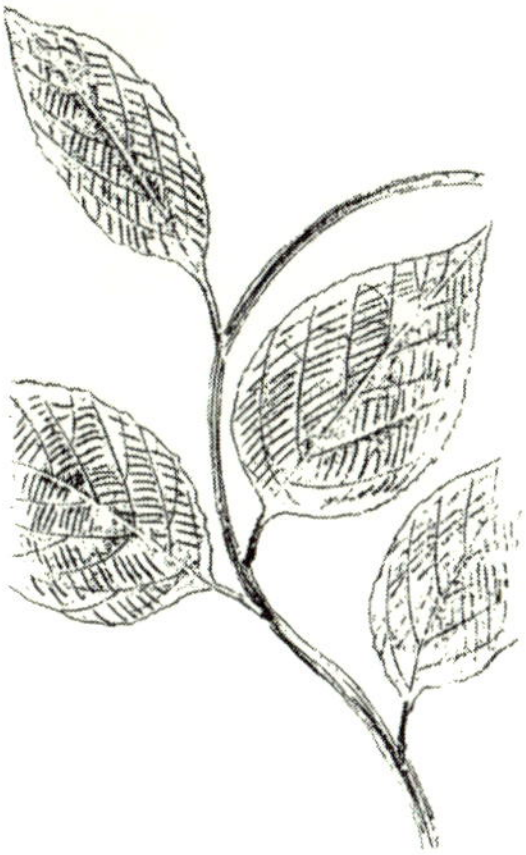
行者カズラ（『吉野郡物産志』）

ところで、和歌山県の西牟妻では、ジャガイモを「ギョウジャイモ」というそうである。

また、「行者カヅラ」というのがある。しかし、これは、食用にはならない。

畔田翠山の『金嶽草木志』草類には、「行者カヅラ」（洞川方言）として三種を図解している。山伏の袈裟を織るのにつかったという。「葉は楊の如く軟にして、質香需に似て大也。茎淡茶色に赤みを帯。その葉茎に互生す。苗高さ一二丈に及びツルウメモドキに似たり。穂長さ五六寸、秋に実を結びて草解（オニドコロ）に似たり数百叢り附く」と。

また、『和州吉野郡物産志』に「行者カヅラ、アカカヅラ」とある。「コノ蔓根黄赤色茜草ノ如シ。藤蔓四時涸レズ。形状ツル梅モドキニ似テ皮灰色ヲ帯、春新葉ヲ生ス。ツル梅モドキノ葉ニ似テ長ク皺紋アリテ互生ス。夏葉間小白花聚リ開ク、後実ヲ結ブ。トコロノ実ニ似タリ。冬葉落ル。此蔓古役行者ノ袈裟ヲ織ル、経ニ用ヒシ者ナリト云」。和名は、クロヅルである。アカネカヅラとも呼ぶ。

さて、「行者さん」といえば、大峯詣りの人々は無条件で「役行者」さんを指しているが、一般的には山林に籠もる苦行者および修験者を行者とよんでいた。もともと行者とは、仏道を修行する人々。念仏行者とか真言行者などをいい、修行者・行人のことであった。

むかし、各地を修行する山伏や聖たちは、野の草を摘み山菜を取って食べ、野宿をして旅を続けた。おそらく、古代の山林修行者たちは、多量の五穀を修行の場に携えることがほとんど不可能であって長い修行中はいわゆる木食であった。自ら発見した山野草を食べ、これを何時しか「ギョウジャ」をつけて呼ばれるようになったのであろう。

註

(1) 堀田吉雄外『近畿の衣と食』二五四頁　明玄書房　昭和四九年
(2) 原　泰根「和歌山の衣と食」『近畿の衣と食』前出　三〇六頁
(3) C. ブラッカー、秋山さと子訳『あずさ弓』七二頁　岩波現代選書　一九七九年
(4) 三橋一夫『霊薬』一六三頁　オール出版社　昭和四八年
(5) 『下北山村史』一七五頁、下北山村役場　昭和四八年
(6) 藤田秀司『餅』六三・四頁　秋田文化出版社　一九八三年
(7) 前田良一『大峯山秘録』一六九頁　大阪書籍　一九八五年
(8) 金剛山総合文化学術調査委員会編『金剛山記』史跡金剛山奉賛会　昭和六三年
(9) 山口昭彦『山菜』山と渓谷社　一九七六年
(10) 白井光太郎『樹木和名考』内田老鶴圃　昭和八年

二　山中にただよう芳香——麝香《じゃこう》を放つ怪しい糞

大峯山系に産する薬草や杉・桧などの木材などの物産も注目されていた。紀州藩では、すでに、元禄十二年（一六九九）には、天川などの要所には木材役所を設けて搬出をおこなっていた。享保六年（一七二一）、徳川幕府は薬草の調査のために、採薬使の植村左平次（一六九五〜一七七七）らを畿内へ派遣した。南伊勢から熊野を経て、吉野山に登って薬草の調査を行った。

その頃、朝鮮人参の需要が多くなっていたけれども、資金の関係で朝鮮からの輸入が少なくなっていた。しかし、和人参が発見されていたので、全国の薬草の調査や、その採集が行われていたのである。幕府の採薬使による薬草御用、なかでも奥吉野地方における人参の採取は、多くの農民を動員して、かなり大規模に行われていたのであった。

左平次は、釈迦ケ岳に登り、前鬼の宿に泊まったときに、不思議な話を耳にした。それは、付近一帯に不思議な匂いがただようというのである。それは、あたかも麝香の匂いのような芳香であったという杣人《そまびと》からの話を書き留めている。

一、幕府の大和国へ—薬草御用

彼は、大和には、享保十一、十二年（一七二六、七）二度、訪れたが、さらに、享保十四年（一七二九）、伊勢・伊賀・紀伊・大和・山城・河内の六ヶ国の見分を行った。『大和採薬記』には、百数十日を要した長期間の採薬旅行が記録されている。左平次には、薬草の採集と同時に、各村々の見分（民情の調査）も、彼の任務であった。

享保十四年、採薬の目標は、下市に薬園の建設と人参を壱千根採取し献上することであった。四月に江戸を立ち、伊勢から大和には、宇陀郡室生村から入った。途中、採取をしながら南下して、吉野郡川上村を経て大台ヶ原にむかった。

大台山麓にある菊ケ木屋という山木屋《きや》までは、二里半、途中は川を渡り、絶壁を横断するなど大難所の連続であった。危険な吉野川の川端、険しい崖、岩に藤葛で丸太を取付けた道、さらに、腰まで水に浸かって川を渡ること二十七回など、難所の連続であった。

少しの雨天でも通行することができず、こんな難所を何度も通らねばならぬ苦しさに、左平次は、「二度通る事、嫌かな、嫌かな」と日記に記入している。途中、人参は集めて度々江戸へ送り出して、吉野郡北山荘池原村にきたときには、献上人参が一千根を達成したのであった。

他方、幕府の薬草御用は、村の方でもその負担が大変であった。役人の接待のみならず、人夫を集め、彼等の食事の世話まで、その対応に苦辛した。吉野郡川上郷だけでも延べ六五一人の農民を集めた。幕府役人の接待や道路補修、宿所の設営など、所要経費は多額にのぼった。

享保十四年（一七二七）十一月には、年貢の徴収に際して、川上郷七保四保では村役らが相談して年貢の減免を願い出ているのである。

二、山中の「麝香の香の不思議な糞」

植村左平次の採薬使らは、釈迦ケ岳の調査で前鬼の宿坊に泊まった。彼は、ここは、とても人間が住むような場所ではないと、環境のきびしさにおどろいている。この採薬旅行中に、たびたび、危険なめにあっているが、山中で麝香の匂いがするという非常に不思議な興味ある話を聞きだしている。

それは、カリヤ谷口というところで、涅槃岳と般若岳を水源とするカリヤス谷、翠山が刈安川としている谷間と思われる。薬草見習の天川の畠山栄長と十津川武蔵村の万左衛門、その外の多くの人足たちが、非常によい匂いがするのにおどろいたそうで、麝香の香のようであったという。そこで、あちらこちらと、その匂いの出場所を探し回ったけれども発見できなかった。

その時に、十津川武蔵村の万左衛門と申す者がいうには、かねてから釈迦ケ岳から五里ばかり四方では、このような香がすることが、たびたびあったというのである。また、万左衛門の他に、内原村の葉成瀬（花瀬）の伝介という者も、同じような匂いを度々経験したけれども、その原因が分からないという。

万左衛門が申すところによると、釈迦ヶ岳の峯中の内では「平地の宿」までは、折々その香がするが、その外の場所では経験したことが無いという。かなりの広い範囲である。

さらに不思議な匂いについて、五鬼の不動坊将監が、不思議な獣糞の話をした。享保元年（一七一六）四月八日という十年以上も前のことである。釈迦ヶ岳の下の大日岳から一丁ばかり下の道筋で、麝香のようなよい香がしたので、その付近を探したところ、木の根本に猪のものの様な糞を一合ほど見付け、匂いがしたそうである。そこで、持ち帰って放置しておいたところ、その香は一ケ年ばかりの間は、臭っていたそうである。

将監の話によると、直にその糞を少し持ってきたので、一見したところ、鼠の毛がいっぱいはいったネコの糞のように見えたそうである。植村左平次が泊まったときには、糞を取って持参した者は、すでに病死していたので、その親がきて委細を話したそうである。

三、麝香の匂いの根源

左平次の見た動物の糞は、いったい何を語るのだろうか。

確かに糞なのか。動物は。猪か鹿か、また糞ではなく、麝香鹿のように一種の分泌腺が脱落したのではないか。

（一）何か、匂いを放つ植物の葉か実か、いずれにしても何か発臭性のものを食べたのが、糞となって出てきたか。先ず、可能性は、植物で梅や百合など美しい花には芳香をともなうものがある。

大峯山系の高山植物のオオヤマレンゲもその一つであるが、生育域は北部の明星ケ岳の付近一帯で麝香臭ではない。

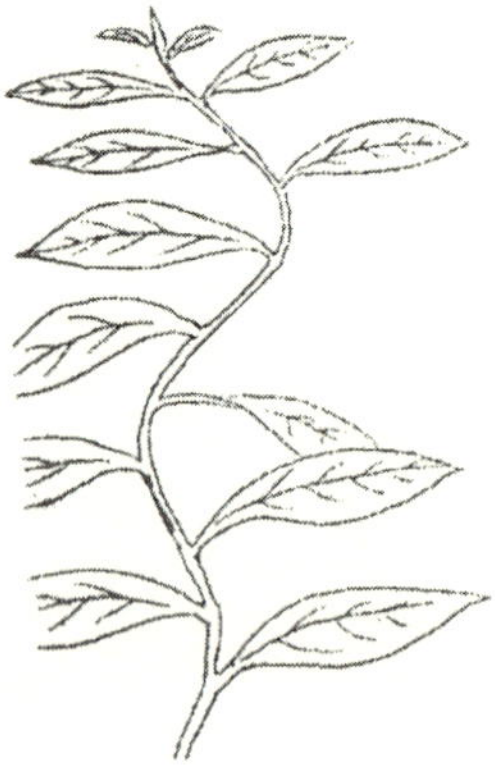

ジャコウソウとその群生

○イブキジャコウソウ（伊吹麝香草）シソ科、六〜七月、草丈　一〇〜一五センチメートル、花七〜八ミリメートル

伊吹山で最初に発見され、全体に麝香の香り（とてもよい香り）がすることから名づけられた小さな低木。微かに香る程度で六月下旬から咲きはじめる。

「伊吹麝香草は、木でござる」と、牧野富太郎が言ったそうである。岩礫地に這いつくばって生えており、とても木とは思えない。指先で揉むと麝香の香りがするが、香りが強すぎて馴染めない人もあるようだ。

○ジャコウソウ（麝香草）シソ科ジャコウソウ属

葉茎をゆすると麝香の香りがするからというけれど、香りは気がつかなかった。花の長さは五センチほど、ここのは淡いピンク色。

行者還岳・深仙の宿付近の植物相には、ジャコウサウがあげられている。（「動物・植物」『奈良県史』第二巻、三一六・三二三頁　名著出版　平成二年）

○ヤロウ　耐寒性の多年草。葉から麝香の香りがあり、乾燥させてティーやポプリに利用する。止血作用や強壮などの薬効があり、古くは戦場に持参された。

この他に、大峯山中には、四月頃にさく麝香臭のもとになる植物が花を咲かせるか。四月八日に糞を拾ったという。

釈迦ケ岳を中心にして、大峯の登山者で、こんな経験をした人がいるか知りたいが、紀行にはほとんど出てこない。絶滅植物だろうか。鹿などが、よく食べる。

山椒の若芽を、鹿が食べ、その頃、山中で麝香臭が漂ったという話にであった。

○こんな記録にであった（インターネット）。

住んでいる所は、関東平野の山暮しの始まり。昼過ぎに山椒摘みに行ったところ、なんとなく麝香の香りを嗅ぎました。花の若芽がたいぶ食べられた後があったり、コロコロの糞もあったので鹿が来るのでしょう。切り株の花、どうしたらできるのかしら、自然は凄いことをしますね。山散歩、新緑の中を散歩ですが、犬たちは新緑も関係なく道端の臭いをクンクン嗅ぎながら、気のむくまま、あっちへ行ったりこっちに行ったり。雨なので山の中の臭いもちょっときつい、鹿が歩いたのかな、少し麝香の臭いがしますね。

今日は、仕事が終わって家に着き、車のドアを開けたとたん麝香の臭いがものすごかった。たぶん鹿が前の薮の中に。山奥に餌がないのか、可愛い動物が居つくのはいいが、熊だけは奥にいてほしいです。今週はフクロウも鳴いていました……

（二）麝香臭を放つ動物がいたのか

おそらく、これは事実であったと思われる。しかし、真実ジャコウであったかどうかは判らない。もともとジャコウというのは、ジャコウジカの下腹部にあるジャコウ腺を乾燥して得られた香料で、芳香がきわめて強い。「じゃこうのへそ」とよばれた。あるいはジャコウネコも、肛門付近の腺から強い臭気物質をだすという。

しかし、大峯山中にこれらの動物が、生息しているはずがないとおもうと実に不思議な話である。いろいろと考えをめぐらしてみた結果、いろいろと可能性があるようにも思われた。

まず、この付近にジャコウ腺をもった動物がいたかもしれないということである。

それは、シカの種類か、あるいはネコの種類かわからない。しかし、野生鹿も多いから山中には、突然変異でジャコウジカに似た分泌腺をもった鹿がいたと考えても納得できるように思う。

もっとも信憑性があるのは、やはり、発情期には芳香臭を発するような分泌腺が発達したシカかネコの類が釈迦ケ岳の山中に生息していたのかもしれない。

こんな事も、考えてみた。葡萄酒や清酒の香りも微生物がつくりだしたものである。酵母やカビ、細菌などの微生物の内には、芳香をだす種類もいる。イノシシなどの糞に、芳香性を発する微生物が発育したかもしれないことである。

本来、糞の臭いというものは、もともと腸内細菌などの微生物が、消化管内で繁殖して生成するものである。人間の胃内で消化しても、糞には、まだまだ微生物や他の菌類が繁殖できるだけの栄養分が十分にふくまれている。排出された獣の糞に、芳香を放つカビなどの繁殖も可能性も否定はできないだろう。

麝香臭のかび。

北里研究所を創設された細菌学の北里先生は、実験中の材料に、麝香臭を放つ雑菌の汚染があったので、直ちにその原因を追及して、この「麝香菌」は、一種の黴であることを突き止められた。これは、応用微生物学にも関心があったことを示すものであった。このようなカビが糞に生えた可能性。

終わりに不思議なこともあるもので、麝香の匂いがする清水が涌いているという。これは珍しい例であるが、想像するのも原因が難しい。

麝香清水　岐阜県下呂市小坂町門坂。

飛騨の山中に麝香の香りがする清水が湧いているといいます。小坂町の北部、国道四一号沿いの門坂地区にある麝香谷に湧いている清水がそれです。

それにしても、釈迦山中の麝香の匂い、深い山には、不思議な現象もあるものだ。

「参考文献」
一、植村左平次「大和国採薬記『奈良県薬業史』二三四頁　昭和六三年
二、上野益三『年表日本博物学史』八坂書房　一九八九年

三　怖ろしい岩茸採り――手離した命綱

大峯山系の秋は紅葉で、それぞれの山によって美しい光景をみせるが、他方、秋の産物とされるキノコ類の食用として採取される種類は、意外に少ないように思う。むかしは、クリタケがよく採られたようである。しかし、かわったところでは、大峯奥駈けの山中には、珍しい岩茸が群生している箇所があちらこちらにあったようだ。岩茸、実は岩茸はキノコの仲間ではなく、地衣類であるが、食材として珍重されるものである。

乾燥した岩茸を土産物店で売っていることがあるが、その採取は、まことに危険なので、命知らずの山男でないと、とても採ることができない品物である。

木曽義仲が、平家打倒の挙兵をする時に、奥方の巴御前が、もしも失敗したら大変な事になるという。義仲は、「木曽の諺にもこうあるぞ。岩茸と運は、危ない所にあると」（吉川英治『新平家物語』）と答えたという。木曽義仲は、岩茸採りは、危険な所に往かねば見つからず、命知らずの仕事であることをいったのである。高価で売れたらしい。

貝原益軒の『大和本草』には、「石茸《いわたけ》　山中大岩に生ず。高処にあるは梯をかけ綱にすがりて採る。衆国の中最佳品也。佳良し。味亦好。乾たる弥よし」とある。

江戸期、山上ケ岳から奥駈の小笹から弥山の奥へと歩きまわった畔田翠山は、岩茸を見付けた場所を『和州吉野郡名山図志』に書き留めている。

まず、山上ケ岳から小笹宿を経て阿弥陀の森をすぎて、川上村の上多古村への途中に上谷がある。この途中の大岩に岩茸があった。「所々に見ゆる大巌石に、岩茸多く生じて黒し」とある（『山上岳記』）。

また、弥山から釈迦ケ岳の途中、楊枝山の西少し北あたりに七面山がある。黒く樹木生い茂り、その南半腹に、七面の倉という厳あり、高さ一五〇尋《ひろ》。「石茸多し」。峯は平にして池あり。舟川荘に属すとある（『弥山之記』）。

大台ケ原にもあるという。西滝の北に「大ごしき」というところがある。「高さ一五〇間ばかり、幅三、四〇間ばかり。四方は切崖、行燈のごとく、上に樹木有り。めぐりには岩茸多し」とある（『大台山記』）。

一、岩茸というのは

畔田翠山は、大峯山系の岩茸について、「岩茸イワタケ　山上ケ岳の南北、楊枝山の東西、釈迦岳の屏風岩、その他諸山の石の上に生える。表面は滑らかで、青黒色、背には黒毛が多い。旱

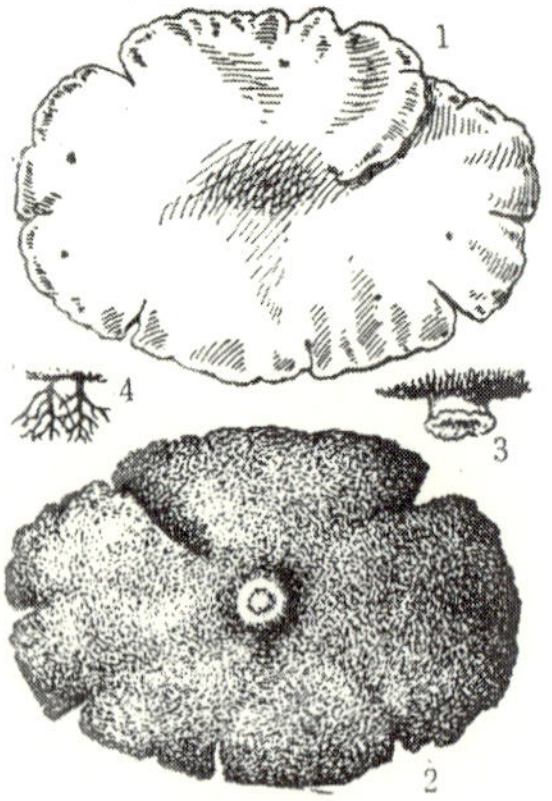

岩茸の表裏

（日照り）すると上に反って岩上に黒烟のようである」（『和州吉野郡物産志』）とある。

イワタケ「岩茸・石茸」というのは、各地の深山の岩石の上に着生する（いわたけ科）に属する葉状の地衣類で、日本では古くから食用として知られている。乾燥して、貯蔵する。

体は、ほぼ円形の扁平な葉状で、直径は五～二〇センチぐらい、まれには、三〇センチを越えるものがある、老成するにしたがって形もかわってきて、縁の方が波のように曲がって裂ける。表面は乾くと褐色で平らで滑らかであるが、湿った時には暗緑色になり、裏面は全部一様に黒色で中央に突き出た臍状体があって着生している。

これは、低地から高山の中腹までの裸出した花崗岩や、または古生層に属する岩石上に生える。北海道、本州、四国、九州、朝鮮半島に分布する。

イワタケは、いずれも岩場の難所に生えているので、誰でも容易にとれるというものではない。梯子をかけたり、縄に身体を託して採るとか、あるいは崖の上から吊り下ろした「もっこ」の中にはいって採るとか危険な仕事である。

二、岩茸採りの出逢った怖ろしい話

奥吉野の舟川荘（五條市大塔町）の篠原や近隣の村では、維新前から岩茸取を職業としていた者が多かったようである。しかし、奥山で仕事をつづけている長い一生の間には恐ろしい目に、幾たびも危険な目に逢い、時には全く奇跡的に助かった話も伝わっている。

翠山は舟川荘の茸取りについて、次のように書いてある。

この村には岩茸をとって世を渡る者がいる。一ケ年に一人当たり金二十両ばかりの岩茸を出す。皆、釈迦ケ岳、楊枝、深山（弥山か）の山で取る。

岩茸は大きく、方四寸ばかりになるのがある。岩茸取りに入るのは、楊枝山の西方、五里四方もある広い深い山中である。その地の大厳の上に岩茸が生えているのを見つけて、崖の上に登って巌に生えている樹を動かして見て、その根元に縄を括り付けて下に垂れ下る。縄の長さは三十尋（一尋は六尺、一・八メートル）ばかり、長短は渓の深さと服の大小にしたがって延び縮みさせる。その縄の太さは三寸廻り、稲藁でもって作る。これを大縄という。それに細い縄を二尺ばかり宛に結び付けて、それを足がかりにして下る。

下る時は、崖を後にして向うをむき、片手に縄を持ち片手にて巌を押し張って下る。右茸をとると、衣服の袖および背や腹に入れて、縄を踏んで厳の上に上って帰ってくる。

近年は巌から縄を下げ、崖の引込んだ処へ蹴りよって、その所に生えている小樹に、他の縄でもって大縄を括り付け、また左右によると左右の岩かどに生えている木に縄を括り付ける。ゆえに、上の縄が切れる事があっても、括り付けた処で止るから落ちることはない。
むかしは、袖ふところに石茸を入れたが、今は衣服を外へ腰の辺りで打ち返して、これを縫い、腰の辺においてもことごとく縫う。所々に手を入れるようにほころばしておき、石茸を取り次第このほころびから押入れる。

岩茸採りは非常に危険な仕事で、奇跡的に助かった話もある。翠山は岩茸採りにいって、うっかり断崖の絶壁から命綱を手放してしまい、非常に怖ろしいめにあったが、九死に一生を得て奇跡的に助かった天川の男の話を書き留めている。

「岩茸採りで絶壁の窪地に取り残され必死で生還した天川の人の話」（『大台山記』）

文政年中（一八一八〜三〇）のこと。天川荘の北角（天川村北角）の者で、平常は岩茸をとって世を渡っていた。大台辻から南東へ入ること二里余、西谷の行燈倉《あんどんくら》に着いた。岩の上から綱を垂らすこと、七十尋であった。それから縄を伝って二十尋下がったところに岩のくぼんだところがあった。

その辺りには岩茸がよく生えていた。そこに行ってみると人が屈まっていられるほどのところであった。そこで夢中になって岩茸を採っていたところ、つい誤って手に持っていた縄を離してしまった。大変なことになってしまった。その縄は真下に垂れているが、自分が居る岩の面から一間ばかりも離れているので、手が取りつきようもなかった。その上、辺りは岩石ばかりで小さい木も生えていないので、如何ともしようもなかった。頭の中は真っ白になった。

いくら考えても命綱にすがる外に方法はない。思いあまった彼はついに、縄をつかもうと一心に蔵王権現に願いをかけ祈念して岩を飛び出した。幸運にも成功して縄をつかんだ。権現様のお陰か彼の心中は想像以上だったであろう。

ようやくにして、岩頭に伝い登ることができた。彼は北角村にかえったが、しかし、乱心して人が山に入ると殺されるなど怒鳴り散らして、山に出かけることを堅く制止していたという。しかし、後には平癒したそうである。

また、翠山は、村人が岩茸取にいって恐ろしい化物に出会った話を彼の『和州吉野郡中物産志』に書き留めている。

釈迦ケ岳の山中には山女という者がいる。美しい衣装を身に着けているが、人に逢うと後ろを向いて顔を見せない。これは年を取った大蛇すなわち老蟒《うわばみ》が化けたのであるという。

ある時、花瀬村（十津川村花瀬）の者が、花瀬の奥にある仏倉《ほとけぐら》という仏像が立っているような形の大岩があるところにやってきた。高さは十尋ほどもあるが、この処には毎年、石茸が多く生えていた。上から下りてきて石茸を採っていると、美しい着物を着た女が一人やってきたが後ろをむいて見せて、まったく顔を隠して岩の上に立った。

男は、すぐさま、腰の山刀を抜いて峰打して女を打ったところ、女は崖の上から真っ逆様に落ちていった。そのとき、ものすごいまるで百雷が一時に落ちたような大きな音がした。男は、その後家に帰ってから病気になった。死に際になって、このことを語って死んだという。

このことを詳しく十津川の猟人に聞くと、この蛇は、その身に五色の錦繍を着たようだといったという。翠山は、『本草時珍』の中にこんな大蛇のことが書いてあると考証しているが、彼は真実と思っていたのだろうか。

明治時代も、岩茸採りは盛んに行われたので、宮本常一氏は、次のように聞書きをしている。岩茸は、大峯山系でも七面、仏生、釈迦ケ岳などの凄いようなクラ（岩の崖）の酉《とり》（西）に面したところに多く出た。これを主に採ったのは篠原の者で、他の村の者にはできない危ない芸当であった。明治三十七、八年頃に非常に盛んで、村には十四、五名もいた。

親指くらいの藁縄を四本合わせて一本の縄とし、縄の端を木にくくり、身体も縄でくくって、縄を少しずつのべながら断崖を下りて行くのだという。

非常に危険で、数十丈の断崖にぶら下がるので、まかり間違えると命を失うこともあった。村の一人が、岩茸採りに行ったまま帰ってこなくなったのは、多分墜落死したのであろうといわれ、それからは行く者が少なくなったという。

このように「岩茸取」は、非常に危険な仕事で、「岩茸取の女房のごとく、首を長うして音信（おとづれ）を待居たるに」（談義本・化物判取牒　三・洞穴文筥）とあるように、夫が帰り顔をみるまでは決して安心ができなかったのである。

また、「岩茸はぞんざいに喰ふものでなし」（『雑俳柳多留』初）とあるように、昔から命がけで得られ有難く感謝しながら食べるべき貴重な食品といえるかもしれない。

「参考文献」

（1）畔田翠山『和州吉野郡名山図志』天理図書館蔵
（2）宮本常一『吉野西奥民俗採録』二八八頁　日本常民文化研究所ノート　昭和十七年
（3）畔田翠山『和州吉野郡中物産志』天理図書館蔵

四　山上土産の天狗尺――石楠花の尺同箸

山上詣りは、関西を中心に、遠くは東北・九州まで行われていたようで、古い宿帳や陀羅助屋の帳簿には、在所とお客の名前が書き付けられている。お伊勢詣りや木曽の御岳詣りには、その土産は、ほぼ決まっていたのであるが、山上詣りの場合には、石楠花と陀羅助、時には箸や杓子も添えられたようである。江戸期に、山上詣りの土産として、喜ばれたものに「物差《ものさし》」があり、非常に重宝されたようで、それを物語る逸話なども遺されている。しかし、何といっても畿内で評判を呼んだのは浄瑠璃で、その「役行者大峯桜」には、陀羅助売と尺難木という物指のことが織り込まれている。当時、多くの家には物指がないので、着物を裁つとき長さをはかるのに大変に難儀をしたようである。大峯山上の陀羅助出店では石楠花の物指が売られていたという。

一、大峯土産の尺同箸

大峯山上の頂上近くに鐘掛行場があるが、その下に洞川の陀羅尼助屋の出店が十数軒あった。

何時の頃からできたか、確実な年代はわからないけれども、江戸期の享保～宝暦の頃（一七一五～五一年）には、すでに設けられていたことは確かである。この小屋で、最初から陀羅尼助を売っていたのか、それとも他の土産物をならべて売っていたのかは分からない。

不思議なことに、石楠花の木で作った物指が売られていたという記載がある。反物の寸法を測る変わった物指で、古文書や著書にみられたので、これについて紹介しておきたい。

今、日常使っている尺貫法の単位は、いわゆるメートル法である。しかし、一昔前は、長さでも、クジラ尺と金尺があり、一寸聞いただけではどちらか分からない。今は、長さを測るにも、たいして苦労はない。しかし、江戸時代のむかしには、どこの家にも物指があるという訳ではなかったようである。昔の物指について『古事類苑』には、次のようにいっている。

〈度は物の長短を量るの謂にて、其の器を名づけ尺という。後生これを物指ともいふ。指は、即ち長短を量るの謂なり〉と。

明治の初年まで、広く使われた物指にも、各種の物指があったようである。

「享保尺」というのは、徳川吉宗が、乱れたものさしの度制を改めるために、紀州の熊野神社に所蔵されていた古尺を原尺としたものである。享保年間に世にあらわれたので、この名がある。「念仏尺」というのは、近江の国の伊吹山から念仏と尺度を刻んだ石盤が堀り出され、これを写して京都で竹尺を作った。享保尺と長さはほぼ一致するという。

「又四郎尺」というのもあった。これは、京都の大工、又四郎という者が大工尺をつくり、これを〈又四郎尺〉と名づけた。享保尺よりも四度短いけれども、享保尺とともに広く使用されていた。明治初年になって、古尺とよばれたのがこの物指である。

また、「折衷尺」というのは、寛政・享和（一七八九〜一八〇三）年間に伊能忠敬が、享保尺と又四郎尺の長さを折衷して作った物指、後に日本で広く用いられるようになった。

この他に、法隆寺尺・三種尺・律尺、凝然尺、その他にいろいろの名がある。多く神社仏閣などに所蔵されていたものである。

享和三年（一八〇三）の『大峯細見記』につぎのようなことが書いてある。「洞辻と鐘掛の間に、指売小屋がある」。ここは、今の洞辻茶屋と鐘掛行場の間にある陀羅尼助の出店の場所で、陀羅助とともに物指を売っていたのである。

さらにまた、畔田翠山の『山上岳記』（弘化四年、一八四七）につぎのことがある。「道の左右に板屋根の小屋が並んでいる。洞川からの商人の出店である。家ごとに名字俗名を書いてあるが、家号はなし（すべて小板に書いて軒ごとに打ってある）。この店で人々は、だらすけ、あらら木の箸、石南花の尺同箸を売っている」

陀羅助屋の出店は、道をはさんで十数軒建ち並び、同じようにそれぞれ自家製の陀羅助や箸などを売っていたので、尺同箸とは石楠花で作った物指である。

洞川村の安政七年（一八六〇）の明細帳には、「天狗度（尺）」をあげ、「是は物尺に御座候、杉・桧を細く削り、御陀羅尼助にて染め、度目をめもり、衣類の不浄を除き候趣、申し伝えにて売り来たり候」とある。

杉や桧で作った物指を黄檗の皮を染料に黄色に染めて、洞川の産物として売っていたという。これは陀羅助で染めたことと同じことである。かなり以前には、それをつくる道具があったそうであるが、今はなく、また物指の実物も存在しない。今も、黄色に染めた物指を見ることがあるが、洞川の土産物「天狗尺」は、すでに早くから黄色であったのである。おそらく、その頃には、もはや石楠花も物指を作る適当が木が少なくなり、杉や桧で作るようになっていたのだろう。

大峯山の特有と考えられる天狗尺や尺同箸について、もしそれらしい物指が見つかれば、大切に保存してほしいものである。天狗度尺の一尺は、何センチメートルに当たるのだろうか、吉野物指というのもあったそうだ。

二、大峯浄瑠璃の土産の尺難木

文楽浄瑠璃の「義経千本桜」は有名なもので、現在でも時折上演される。その中でも、若君が腹痛をおこして薬をほしがっているところ、近くで洞呂川の陀羅助を売っている店があるという場面がある。六段「椎木の段」である。

また、浄瑠璃「役行者大峯桜」は、近松半二の処女作ともされる彼の傑作であるが、やはり陀羅助売の陀羅助が口上を云いながら登場してくる。宝暦元年（一七五一）十月十七日、大坂竹本座初演である。

洞川の陀羅尼助売（「文楽浄瑠璃」本）

壬申の乱が大友皇子の変心によって始まり、この中に役行者、陀羅助という人物が登場してくる。大峯信仰が盛んであった当時、上方では大変に喜ばれたようで、評判記にも「大峯陀羅助、五鬼前鬼の趣向よふ取組をした」と記されている。近世における近畿、特に大坂、堺を中心として盛んになった大峯山の山上詣り、山上講の流行を反映したものと思われている。

その中で、陀羅尼助を売る陀羅助という男と、その母の最期の場面がでてくる。役行者の家である。陀羅助は行者の弟である。

まず、関係する場面の大筋は、次のようである。

陀羅助の家では、母は仕立屋をしていたが、役行者は、長い修行の旅に出ていたが、久しぶりに母の顔を見たいと帰国の道中であった。その途中で、親王の姫様が、敵方に追われているのに出会い、助けて家に匿《かくま》うことにした。一方、弟の陀羅助は薬売をして、諸方に口上を云いながら売り歩いていた。

歌　奇妙な名方（妙薬）、名方の陀羅助、
　　この薬と申すのは、唐土《もろこし》の天照皇太神、我朝《わがくに》のお釈迦様。

若後家の腹の上にて、三日三夜、さのやりくりで、こしらえ立てたる妙薬。（略）呑んで強うなるように。仁王様の力こぶ、いだ天の三里の皮。えんまの耳だれ。らごらのふんどし。達磨のよだれ、目玉、鼻柱、以上併せて、とろりとろりと練り合わせたるは、嘘の八　薬は六文。

陀羅助は、機会があれば出世して、侍になりたいと願っていた。土地の悪代官は、親王の姫を捕らえて差し出すように命じられていたが、いつまで経っても姫の消息がわからず困り果てていた。代官は、方々に歩き回る陀羅助に、もし姫を捕らえると、武士に取り立てるぞとおだて上げていたのであった。

丁度そのときに、陀羅助は姫らしい女が我が家に隠れるのを見付け、しめたとばかりに腰の刀をぬいて、忍び入ろうとしていた。その頃、家の中では、役行者が姫様を助けねばと、そっと裏口から逃がし、代わりに母に姫の上着衣を被せて、柩《ひつぎ》の中に隠れさせた。陀羅助は、柩を見付けて、この中に姫が隠れていると思いこみ、刀を刺し込んだのであった。この事実を前にした姫と娘は、ともに正体もなく嘆き泣き崩れていた。

姫の上着を打ち着せられ、誤って陀羅助に刺された死際の母に向かって、役行者は、「姫に代わって死んだのは、取りも直さず、朝姫の名を譲られて天上の栄花を極める唐衣、賎の女とは思われぬ。これはこの世の果報であって、未来の成仏するは疑い無し。」と、恩に報いる御言葉をのべると、陀羅助の母は、「ああ、勿体ない御仰せ、今の御恩を末世まで、物差す難の悪い日を、この身一つに裁ち切って、我が名を記す物差しに、難も不浄もありはしない」と誓いを起こし、一首の歌を詠む。

朝姫の教え始めし唐衣　裁つ度ごとにきそいますかな

と、これを最期の言葉にして、次第に引く息は、五寸、三寸と舌も強ばり、惜しや姫に忠義も一疋の五十四尺《たけ》を年の数、ついにはかなく消えられた。

母は姫の身代わりになれたと、辞世の歌をよむ。「仕立ての反物を差す難儀の悪い日に、我が身を一つに裁ち切って、身代わりになれた。恩に報いるので、それは丁度、反物一疋、五十四尺、自分の歳も五十四歳で同じ、難も不浄もありはしない」と、いう意味である。

陀羅助は、わっと一度に取り乱し、親子の思いは大峯の山上土産の物指に、尺の難義を救い取る。その朝姫の唐衣、哀れ果てない次第。陀羅助は、親を殺して一日も生きているべきいわれはないと死のうとするが、諌められる。名を前鬼と改めて、五鬼ともろともに仏法修行の強力になり、険阻難所の道しるべをせよと勧められる。役行者小角は、これを非常に悦ぶ。以下略。

物指は、大峯の石楠花で作られ、尺難木と書いてある。なお、大峯で、山中の大蛇を、聖宝とともに退治した奈良の豪傑箱屋勘兵衛は、大峯山上を極めた証拠に、大峯だけに咲く「尺難木」を持ち帰ったと伝えられている。

これによって、着物を縫う時、反物を裁つ際の長さを測る難儀な苦労を、石楠花の物指によって、たやすく測ることができるようなったのである。

江戸時代には、「山上参り」の土産としては、洞辻茶屋と鐘掛行場の中間にあるダラスケ屋の出店で、腹痛の妙薬陀羅助と女房への物指を買って帰ったのである。

なお、群馬県利根郡では、着物を仕立てる時に、石楠花の木で作った物指を使うと、どんな悪い日に反物を裁ってもよいそうである。おそらく、これは「役行者大峯桜」の浄瑠璃とそっくりの話で、昔の「山上詣り」からもたらされた伝承であろう。

「参考資料」

『近松浄瑠璃集』［二］原道生校訂代表　図書刊行会　昭和六二年
『文楽浄瑠璃集』日本古典文学大系　岩波書店　一九六五年
鈴木祥三『日本俗信辞典』（動・植物編）一三〇頁　角川書店　昭和五七年
『大峯細見記』享和三年（一八〇三）
畔田翠山『山上岳記』『和州吉野郡群山記』弘化四年（一八四七）天理図書館蔵
『天川村史』二二八頁　奈良県吉野郡天川村役場　昭和五八年
岸田定雄『洞川の民俗』一五七・一五八頁　豊住書店　平成五年

五　大峯の篠竹の功罪——大坂城への献納矢竹

大峯山中には、小篠や大篠の生い茂る場所がある。大峯に生える大篠・小篠と種類によって篠の功罪には、いろいろある。

そこには昔から山伏の奥駈修行の「宿《しゅく》」あるいは「靡《なびき》」として、すでに「小笹」あるいは「小篠・大篠宿」あるいは「篠宿」と名付けられていた。

大峯奥駈道のうちでも、深仙は山中でも灌頂の儀式が行われる聖地とされているが、これから南の玉置山から熊野大社を目指す場合には、「南奥駈」と呼ばれ、「太古の辻」をさらに南下をする。しかし、その途中にある奥守岳や子守岳（地蔵岳）の尾根一帯には、背丈を越すような大篠が密生していて、通行を阻んでいた。したがって、南奥駈は、長い間、中断されていた。江戸期には聖護院門跡の修行のような場合には、あらかじめ付近の村からの奉仕作業によって刈り取られていた。

他方では、この篠竹は、また弓の矢に用いられ、天川郷では江戸末期まで大阪城に上納していたそうである。別にまた、利用の道があったようである。お花畑の篠は、味噌の腐敗防止の効果があると、持ち帰ったそうである。あるいは、猪篠鮨は、柿の葉や朴の葉の変わりに篠の葉を用いている。

時代は変わって、今では、大阪城への献納する勤めもなくなった。南奥駈も、長期間にわたって中止されていたが、ここも奉仕団体による篠刈りなどの作業によって快適なルートに変わっている。

戦前の南奥駈の篠竹に難儀した当時の記録や、また、江戸期の矢竹献納の天川郷の様子を紹介しておきたい。

一、「南奥駈の難所」

昭和になって登山ブームがはじまりかけた頃、出版された登山記録(1)であるが、南奥駈の険しい状況を、大正・昭和初期の登山紀行を紹介しておきたい。つぎのように書いてある。

通行を阻害していた篠の実体について引用しておきたい。

「前鬼以南の奥駈道は、峰続きの尾根を伝わなくなって、……池原、笠捨峠を越え、十津川上葛川に出るのが順路であった、嫁越から、篠竹《すず》の中に分け入って、三十幾年全く閉塞された山《さん》梁《りょう》を、どこまでも伝って行こうという物好きが、今日何処にいるであろう。」

このように書き出している。

「これより入らんとする南方地蔵岳（子守岳）の辺り、丈余の篠竹はしゅくしゅくとして行手を塞《ふさ》いでいる。午後零時一〇分、嫁越峠から道をさらに南にとって進むこと約一〇分、たちまちにして繁茂せる篠の林中に突入し、やがて森林帯中のやや緩慢な坂路を辿ること半時間、零時五〇分不意に森林中の平坦地に出て、そこに崩れかかった一宇の小祠を見る。地蔵岳の頂上である。

この時気圧計は四九二五尺（一四九二メートル）を指していたが、この辺全く森林帯の広闊《こうかつ》な平をなして気宇にわかに大、釈迦、大日辺りのとっこつたる山容は全く失われ、風雨に朽ちて横たわった倒木は縦横に算を乱し、雨と露に曝された樹身は、海綿の如く腐り尽くしている。頂上に出てからは幸いにして篠搔《か》き分けの難行は免れえたけれど、全山一帯二、三尺も積もった朽葉に覆い尽くされているので、踏みしめる足場は極めて悪い。…中略…

南方玉置山まで延々なお幾十里、さても夥しい篠かな、西の方花瀬の谷を隔てて手を引き合った石仏山、中八人山の怪偉な山骨は、意地悪く玉置山の優姿をさえぎり、晴れ切つた午後の日ざしは、遠近の山谷に夏霞をこめて、烈日は背に焼鏝《やきごて》を当てつるの思いあらしめる。脚下の谷一面に生い茂った篠は、ほとんど足を踏み入るるの余地もなく、わずかに前方に兀立《こつりつ》した標高一二八一メートルの無名のピークを目標として、地図と磁石とを便りに無二無三篠の密林中に突進した。

篠はこの辺の山の名物である。熊笹などと違つて、高きものは頭上なお二、三尺を越え、一行の姿は全くその中に没して終う、はらえば跳ね返り、薙《な》ぎ倒せば、猛然と起きて、ぶっつかる。目、耳、鼻の区別なく襲いかかって、危険云うばかりなく、加うるに梯子《はしご》の如き急坂を辿るので、前後して一行の転落すること幾度なるかを知らず、互に呼び交わしつつ両手を便りとして夢中に滑り、繁りのため全く行手を塞がれた処は、身を沈めつ、海老《えび》の如くなって根元を掻き分つ、進んだ。この難行が約二丁も続くと、二時四〇分不意に花瀬に通ずる一道の小径に会うて、一行はわずかにホット一息した。

この探検行（洞川電気索道が営業の年とあるから大正四年である）があってから昭和になって（昭和五年か）、ふたたび同コースに挑戦した登山家の一隊があった。次のように難儀した様子を書いてある。(2)長いが引用する。

（大日岳）を下ると、すぐ前鬼へ行く道と分かれる。道は割合平らであるが、鬱蒼《うっそう》たる原始林の朽葉の上を歩いて進む。十一時嫁越峠着。

今後、前鬼から嫁越へ出ようとする人は、余程困難を感ずる事を覚悟せねばならぬ。嫁越峠など名ばかりで、人の背を越す篠の密林で掩《おお》われて、道など全くないと云っていい。その時、持つて行つたのは改版前の地図だが、新版には道がけずられているのは当然だと思つた。峠をすぎると道はほとんどなく、苔に包まれた無数の大木の立枯が何となく物凄い上に、二抱えも三抱えもある大木が遠慮なく行手を遮《さえぎ》って進行に困難を極める。…中略…

地蔵岳をすぎる頃から道は、ますます悪い。…… この一滴の水もなく、篠の藪をくぐり、大木の障害による無数の傷と極度の疲労の他には、何にもないのだ。

こんな割に合わぬ、不愉快な登高路はあまり澤山あるまいと思う。

一番閉口したのは何といっても篠だった。身長より数尺も高い篠の密林ときては、全く苦痛そのものだ。交錯して密生しているから、手でかき分けては、全然下の部分がもつれ合って一歩も進めない。根元からさばいて左右に分けるか、逼《は》うより仕方がない。ひどい所だと一丁行くのに四、五十分もかかる。そして、その上この篠には、ダニのやつがいていつの間にか体に取付く、無上に蒸暑くて然も水はないときている。

四時二十分、持経宿着。

五時にならぬのに、もう夕やみの立こめる密林の中で、ともすれば滑りさうになる急斜面に、火をたきながら黙々とテントを張り、炊事をしていると、つくづく遠い所へ來たように思った。なる程地図を見て見ると、吉野群山中で、これ程人里離れた地点は少い。

江戸期の様子は、畔田翠山も『釈迦岳之記』に、釈迦への難行や、仏法僧の寂しい鳴き声を聞いたと書きとめているが、この辺りの篠竹の中に迷い込んでは暗闇の中のように方向を見失ってしまうだろう。このように、この辺りの抖藪は不可能に近かったのであろう。

これらの篠生い茂る険しい状態は、おそらく太古からつづいてきたので、迂回して山腹を通らざるを得なかったことは、奥駈修行道の成立を考える場合、無視することができない事実であった。しかし現在は、奉仕活動によって篠も刈り拓かれて、長い奥駈の道中でも非常に快適なルートに変わっているそうである。

二、「矢竹の上納について」

天川郷には、通常の年貢などの外に、毎年二二〇〇本の矢篦《やの》竹を大坂城に上納する義務が課せられていた。そのため、村では特別に役職を設けて、献納矢の調達に当たっていた[3,4]。矢篦竹というのは、矢柄に用いる竹のことで、天川郷が矢篦竹用の良質の「スス竹」の産地だったからである。

その上納は、慶長八年（一六〇三）家康の代に始ったと伝えるが、正徳三年（一七一三）の文書に「大坂御城内江毎年拾四ケ村より川迫郷山名竹之御矢篦竹弐千二百本宛奉納候、此場所山之内二五ケ所御座候而、五ヶ所之三ツ割三年竹二而指上申候処」とみえるのが、最も古い。この史料に「拾四ケ村より」となっている事情はよくわからないが、永島福太郎氏の論稿（「近世後期の一寒山村と矢篦竹運上」『日本歴史』第三四号）によれば、矢篦竹の上納は、坪内村を除く天川郷一五か村、三名郷七か村の負担で・各村への割当本数は左表のとおりだったという。吉野郡の天川郷と三名郷の両郷に対して毎年二千二百本（両郷各村毎の割当本数は定まっている）の御用竹を物納していた。

1、「矢箆竹役について」

矢箆竹役《やく》とは、鉄砲の登場するまでは唯一の飛道具として尊重せられた武器であった、弓の矢に用いる竹を納付することをいうのである。これについて前田猶次郎氏（大字南日裏明治十四年生）方にある多量の古文書中から若干抜粋して記して見よう。

矢箆竹は慶長八年（一六〇三）までは幕府が「矢見」を実施するものを送り、これによってその適否を定めたのであるが、以後は天川郷十六ケ村、三名郷七ケ村から上納することとなった。それ以来、両郷とも「矢箆庄屋」というものを定め、両郷が順番に毎年二千二百本づつ仕立てこれを大阪城へ上納していた。

しかし承応元年（一六五二）から見揃役が請負って納めるようになったという。中越村惣三・川合村新左衛門・川合村の兵治が専任の御用係となり、次で中谷村の藤左衛門（畠中藤左衛門）が係りとなって苗字帯刀を許され、延宝元年（一六七三）から寛政十二年（一八〇〇）迄勤めた。このため、毎年御手当銀として三百匁下附、吉野郡中から合力として銀百匁、またこの外両郷からの合力も併せて、毎年銀八百四十匁四分二厘一毛の収入を得て、御用竹の調製を行なっていた。

当銀三百匁と郡内余荷銀百匁の下付を受けた。郡内余荷銀百匁とあるから、もとは吉野郡の各村にも矢箆竹の上納が命じられていたのかもしれない。おそらくはこの御手当銀と郡内余荷銀をめぐって争いがおこったのであろう、寛政十二年、郷民らが大坂弓奉行に直訴して藤左衛門の見揃役をやめさせ、矢篦竹の上納は惣百姓請となり、庄屋の然るべきものが順次惣代に推されて上納の任にあたることになった。

文化十年（一八一三）からはこの惣代が中谷村庄屋藤左衛門と日裏村庄屋善兵衛の二人となり、幕末に及んでいる。

はじめこの矢篦竹は、矢篦庄屋が人夫および村役人立合のもとに拵えて、天川・三名の両郷で輪番に上納したようだが、しかし寛政十三年（一八〇一）以後はまた以前に戻って両郷順番となっているが、その最後は何年であるか明かでない。ただ文久二年（一八六二）の上納の記録がある。

2、「矢篦竹の生育地」

矢竹になる種類は、矢竹・箭竹（『日本国語大辞典』）

①イネ科のタケササ類。各地の山野に生え、矢を作るために栽培される。高さ二～六メートル、径一～二センチ。節は低く、節間は真っ直ぐで、長さは二五～六〇センチ、

②「篦のこと」とある。はいだ矢の矢尻と羽との間の竹の部分。矢柄。

竹篦竹を製造する篠竹の種類としては、奥吉野の深山に天生繁茂する「スス竹」である。天川郷はこの良質の産地であり、中にもその多産地である「川迫山」（川迫川流域）から伐り出したものが最良質であるが、もし良質のものが充されなかった場合は大峯山脈北部や、北山郷の前鬼辺、また十津川の葉成瀬《はなせ》。栗平《くりだいら》等へも山小屋を掛けて伐出しにいっている。

さきの正徳三年（一七一三）の文書にみえる「かうせい郷山」というのは川迫山のことで、ここが矢篦竹の採取場所であった。「五ケ所」というのは、「たいのしり平、ゐたしきのはら平、あしせむこう平、しもつま谷上ノ平、しらこう谷下平」を指し、次のような「定」があって、保護策が講じられていた。

一、此所左右共御矢篦竹場所之内、竹木壱本而茂伐採申間敷事
一、藪之内新道を付通路致間敷事
一、御用竹場所笥出生之時分、壱本二而茂折採間敷事
右之通り堅相守可申者也

しかし、一八世紀の中ごろになると、川迫山だけでは間に合わなくなったのであろう。延享四年（一七四七）の文書によると、大峯山や前鬼山にも採取に出かけており、やがては川迫山と大峯山へ隔年に切出しに行くようになった。

矢竹の材料が、不足する場合には、天川付近から遠く前鬼付近まで遠出して村方の了解を得て、上納竹を伐採していたという。

天川郷と三名郷から毎年二千二百本の弓の矢を大坂城へ献納していた。これは歴史編あたりで記述があるであろうから多くは記さぬ。安政七年の村明細帳に、

矢篦竹百五十本
右大坂御城江年々上納仕り来り候。依之当村は御年貢当用いる外臨役御免除に御座候。

とあって年々百五十本の弓の矢を献じていたのである。鳴川国有林中には、矢の谷という地名があり、そこに生えるスス竹を切って矢に精製したのである。神童子に生える竹も矢に作ったという。スス竹の中の空洞の部分の大きいのは矢に作れず、スス竹の空の部分が細くて目がつんでいないとだめだという。

3、「矢の製法」矢篦竹の製法

材料となるのは満三年以上八、九年生まで（筍の出た年を起点とする）の竹でこれ以下の若竹や、またこれ以上の古竹はよくない。

前田猶次郎翁の談によると、この年度の範囲内の竹であると敵に当って折れる、そのため敵によって再び利用されることがないという。

矢篦竹の製法や上納手続きを、永島氏の論稿によってみると、矢篦竹はヤノチクは、寛政十二年（一八〇〇）書写の仕法書によってその製法を見ると、およそつぎのとおりである。

○採取の仕方

採伐人夫に、先づ本竹が二本が渡される。本竹すなわち標本の基準になる竹である。伐取人夫は、大峯山と川迫山と隔年に切出しに行く。しかし、この天川郷の川追山は幕末には殆んど良竹が調はないので、坪之内弁天社々家の山たる白小又山に出かけたり、はるか十数里を峯伝いに九《く》歩《ら》八ないり山といふ南方の前鬼領の山まで出かける。この場合には、銀子七、八匁位を包金にして、ことわってから採取するのである。

採取方法は、本竹の周囲が九分六厘あり、これは干して少し細まつたもので、生竹では一寸以上であることを要する。本竹と元および節を揃えて切取るが、末が特に細くなったものはよくない。長さの規程はないが、慣例で分っている。末の折れたもの、枯れたもの、曲ったもの、扁平なもの、風すれ岩すれのもの、節の近いもの、節のふくれ立ったものは悪く、四年以上のものであることを要する。

時期は八月上旬がよく、人足も日数が迫れば七人宛位にして山中に入る。それが大峯山の場合には、九日から十一、二日もかかる。この運上額は二千二百本であるが、伐取には三千七、八百本をとる。これを百本宛に束ねて持帰る。万一不調の場合の予備として、南日裏の牛頭杜近傍には竹場をこしらえて置いている。伐取は、旧八月中旬から下旬までを最適とし、この時がくると責任者は七人計りの人夫を連れて奥山に行き伐取って持ちかえる。

この青竹を正月から二月まで、天井裏や屋根裏に上げておき、月に一度くらい点検する。また、翌年の二月まで天井裏にあげて乾すともある。

二月中旬になると天井から下ろして水でよく洗いこれを煮るのである。その方法は一鍋に四百本乃至五百本入れて、朝七ツ頃より昼迄位の時間、十分蒸し立てる、そして節の荒くれや皮をむき、くせのあるものは再選する。そしてまた、水で十分洗ってから十四、五日間乾燥せしめる。一日に二百五十本から七、八十本が工程である。それを百五十本宛結んで火にかけてかわかすともある。これが終ると、一ヶ月の間に四、五度も手入れを行って汚れや斑点のないようにする。

そして雨に濡らさないようにして七月まで乾かす。その上さらに少し灰を入れた熱湯で、スス気がなくなるように入念に洗い、これが終ると水で洗って美しくする。この洗立の時に、わらすから即ち蕨の茎をつぶして干した縄状のもので磨く。

○選別

九月に入ると再びよく見改めてから篦中（ヘラナカ、全長の中央）の廻りを計って一寸、一寸五厘、一寸一分の三段に区別し（一寸〜一寸四厘は一寸に、一寸五厘〜一寸九厘は一寸五厘に、一寸一分以上は限がない）これを一把三百四十本結とする。そして納入の時にはこれを琉球畳の表で巻いて荷造をする。

かように入念に調製を行っても不合格品が出るので、納入に際しては二千二百本以上を用意する。

4、大坂城へ納入

荷造りは百五十本の結びを二十本くくりとし、三百四十本を一括結する。そして琉球表を六枚買求め、二枚を十六枚に切り、小包をし、四枚を二つに切ってその上を包んで縄をかける。立縄は四筋、小口は十六字にし、中を四、五ヶ所括る。八箇の荷物となるわけである。これに御用札を千本に一枚つける。馬一疋と人夫と納入宰領とで送るのである。

笠木・下市・御所・古市・平野・大坂と宿次ぎをする。十月八日に荷は出立するが、その場合に納役はその前日に出発して五條代官所に至って添簡も貰ひ、九日御所問屋で竹と出合ひ、古市泊り、十日に大坂城大手前御弓町の御弓奉行所に参着し、月番に荷を預ける。そして十一日に上納となるのである。

この時、奉行以下に十本五本ずつ若干を贈るとし、葛粉などを手土産として持参する。これが大体の上納手続である。

三、「弓材について」

矢竹については、献上しているので、吉野郡の木材の中にも弓材に適した木があるのではないかと調べると、やはり記録されていた。

まず、弓と云えば「梓弓《あずさ》」が知られているが、吉野地方では、「ハズサ」としては、材木を川に流す筏師がこれを用いて水棹とするとあるのみである。材質が硬いから、熊野川の筏師が筏をこぐ棹にしたので、弓材とは触れていない(5)。

その代わりに、弓木として「山ハゼ」が記録されている。北山荘川合村では、一名アララといい、下多古では「弓木」というらしい。諸山にあり、葉ハシに同じ、はじめは少し鋸歯あり、大樹となれば去るとある。「山人、木心黄色ナルヲ選ビ鋸板シ、弓材ニ製シ世ニ出ス」とある。また、「ハシ」和州吉野郡山人は弓木という。弓材となすと高野山の植物誌(『埜山草木通志』下)にあるが、山ハゼのことである(6)。

大峯山中には、小篠から大篠という地名が、北にも南にもあるほど篠竹が多く、それぞれ功罪が指摘できる。大峯の南奥駈では、修行者を悩まし、通行を阻んだのが、最大の害であったといえる。しかし、天川では、矢竹として納入させられたが、村民にとっては。功罪何れであったのだろう。

その有用性については、篠の葉は、抗菌力があるとかいわれて、食品の下に敷かれていることが多い。信州戸隠では、特産の蕎麦をもるザルを編むには篠竹が、もっとも適していて、選別して刈りとっておき作ったそうである。また、北山村の猪篠鮨というのは、柿葉鮨のように篠で包んだ鮨が名物として売られている。

地方によっては、若い芽を食用にするそうであるが、ほとんど聞かれなかった。

「食用」スズタケの三月頃細い筍がはえると、それを折りとって皮をむいて生で食べ、また皮のまま焼いてたべてもうまかった。これを折りとってくることを、スズカキと云った。大人は食べず、貯蔵もしなかった。（木村博一編『下北山村史』八一八頁　下北山村役場　昭和四十八年）

註

（1）北尾鐐之助『日本山岳巡礼』創元社　昭和二年

（2）岸田日出男・笹谷良造『吉野群山』六〇、六一頁　郷土研究社　昭和十一年

（3）岸田日出男「矢《や》篦《の》竹《だけ》役《やく》について」『大和の天の川』四六・四七頁　天川村観光協会　昭和三三年

(4) 『天川村史』九七〜一〇〇頁　奈良県吉野郡天川村役場　昭和五六年
(5) 畔田翠山『和州吉野郡中物産志』天理図書館蔵
(6) 畔田翠山『埜山草木通志』下　天理図書館蔵

六　幻の吉野人参――直根人参考

吉野といえば桜、古くから吉野は桜で世間によく知られているが、この他に吉野には、吉野杉・吉野桧・吉野葛から吉野紙・吉野塗の吉野盆や吉野膳などの吉野五器。さらには、もはやほとんど知られていない県鳥のコマドリが吉野駒として評判であったという。

吉野杉は、秋田杉や木曽檜と同様に、銘木として知られている。吉野塗は檜の薄板を曲げた容器で、盆・鉢・椀・膳・弁当箱の吉野五器というのは、もはや市場にはない。食物としては、吉野鮓としては、有名で浄瑠璃『義経千本桜』にでてくる「釣瓶鮨」がある。吉野葛は、今も名物として売られているが、宇陀松山が有名であった。

しかし、最近ではまったく聞かれないものに「吉野人参」がある。「吉野人参」という言葉に初めてであったのは、紀州藩士畔田《くろだ》翠山《すいざん》の『和州吉野郡中物産志(1)』であった。

「一、直根人参、すなわち吉野人参である。釈迦岳の山中に多い。苗や葉は竹節参と相同じであって、蘆頭は直生して横生はない。味は極めて苦い」。

この記録の通りであれば、それは「オタネニンジン」すなわち、いわゆる朝鮮人参と同じではないか、この記録はおかしい。茎や葉が竹節と同じで直根の人参が自生していれば、大峯山系はもちろん山上ケ岳の植物フロラには、当然記録されているはずである。しかし、大峯山の植物相には、トチバニンジンとして、多く記録されているにすぎない。

学生の頃、自宅の裏山で「チクセツニンジン」を見付けたときの興奮が思い出された。乾燥したあの特有の臭気がよみがえってきた。チクセツであれば、竹の根のように横に走って、その節々が鞭のように連なっているはずである。

日常、家庭で食用にする人参は外国から渡来したもので、あの赤身のかかった根は真っ直ぐに土中に伸びている。「直根」といえるもので、普通の大根やゴボウなども直根である。

これに対して、レンコンやショウガなどの根は、変わった形をして横に伸びている。また、竹の根は、横に鞭のように伸びている。これらの直・横と伸びる根に対して、ジャガイモのように丸いのは球根で、蕪なども球根である。根は、また成長するにしたがって、変化して、最初、細く糸状から、次第に途中でふくれて芋のようになるのもある。

この直・横・球根は基本的なもので、これらが混ざり合った複雑な形をしているものもある。その代表的なものに朝鮮人参がある。その根は人間のような形の人型の根から、鬚のような細い根が何本もでているものなど、年数が経ったものほど複雑な形をしているものが多い。

吉野人参とは、いったいどのような人参であろうか。戦後、「吉野人参」の名称のみが記録に遺り、その実体が明らかでない。この正体を明らかにしょうと、あえてチャレンジすることにした。私の「吉野人参」との対決がはじまった。

一、吉野人参という薬草

江戸末期、奥吉野一帯を踏破した畔田十兵衛翠山は、彼が多年にわたって調査を続けていた大和国吉野郡内の地誌として『和州吉野郡名山図志』八巻を著し、その内、主として物産をとりまとめた書物に『和州吉野郡中物産志』上下巻がある。

その最初にでてくるのが、次の記録である。

「直根人参　即チ吉野人参ナリ。釈迦岳山中ニ多シ。苗葉竹節参ト相同ジクシテ、蘆頭、直生シテ横生ナシ、味極メテ苦シ」。蘆頭とは「直根頭上ニアリテ本根ト苗トノツナギナリ」。竹節参を指して蘆頭というのは誤りなり、とある（『本草綱目啓蒙』[2]）。

直根とは、真っ直ぐに伸びた根のことである。しかし、ここでいう人参というのは、薬用人参のことである。真っ直ぐに根が伸びた人参は、いわゆる朝鮮人参と同じものと考えてもよい。これが、釈迦ケ岳の山中に多いとある。

この記録を読んで、全くおどろいた。朝鮮人参が、江戸期には大峯山系には生育していたということになる。その後、高野山の植物を調査した翠山は、「土参」とした記録の中に、「直根人参ハ富貴（高野町）大深（西吉野村）ノ山民、柴ヲ以テ圃ヲ囲イ、日ヲ蔽イテ之ヲ作ル、形状トチ人参ニ不異、其根直下ニシテ朝鮮種人参ニ同ジニシテ味極苦」『埜山草木通志』[3]、その根は朝鮮種の人参に同じと記録しているのである。

以前、大峯山中には「黒百合」が沢山生育していたという畔田翠山の記録におどろき、その後調査の結果、ほとんど絶滅したと推定せざるを得ないことに気が付いたのである。

釈迦ケ岳山中の「吉野人参」も、黒百合と同じように絶滅したのだろうか。

二、朝鮮人参の評判と実情

朝鮮人参は、江戸時代になって多く輸入され、難病によく効く貴重薬として評判を呼び、一般的に珍重されるようになった。親の病気に身売りまでして、人参を入手した孝行娘の話さえある。この人参というのは、古代から知られていたが、一般民衆からは、ほど遠いものであった。

古文書に人参という字が出てきたのは、施薬院の合薬成分として「人参伍拾斤」とでていたが、天平宝字五年（七六一）である（『奈良県薬業史』）。その後の『延喜式』延長五年（九二七）の大和国の産物三八種の中には、人参の名はない。中国・朝鮮など外国から日本の朝廷に対する貢物として渡ってきたものであった。それは、貴重な薬種としてであった。

鎌倉時代、あるいは南北朝の頃の薬物を記載した「医薬調剤古抄」（仮称）には、人参をいれて五三種が上げられている。さらに降って『多門院日記』天正六年（一五七八）には、「人参一段」の字が見える。その頃、西大寺の「豊心丹」には、人参が配合されている（『金蒼秘伝』天正六年（一五七八）。

しかし、朝鮮人参は日本には自生していなかった。その輸入のために多くの費用がかかり、特に徳川幕府は、買入れるに必要な銀が不足するようになり、困っていた。そこで、朝鮮からその種を入手して、薬園で栽培を試みる一方では、日本全国の薬草を調査したが、この人参は見付けることができなかった。

その後、偶然にも中国から日本に帰化した医師によって、九州の山地で葉茎など地上の部分が全く朝鮮人参と同じ竹節人参が発見された。やがて、その薬効が、朝鮮人参と同様か、あるいはそれ以上であるという医師も現れてきた。

三、「薩摩小人参の発見」――和人参の発見(4)

寛永（一六二四～一六四四）の頃（一説では正保三年一六四六）に、明国広東省の医師何一官が、国内の争乱をさけて数人の仲間とともに逃れてきて、薩摩の国の内之浦にたどりついた。亡命してからまもなく、宮崎の都城で帰化して、何欽吉《かきんきち》と名乗って医者を開業した。彼は、寛永の頃から万治元年（一六五八）に亡くなるまで、薩摩の各地を歩き回って薬草の採集をおこなっていた。ある年のことである。付近の三股村梶山（あるいは安久）の山中で、朝鮮人参と葉や茎など地上の部分が全く同じ草を見つけた。早速、根を掘り出してみたところ、根は直根ではなく竹の節状に横に延びていたが、それには細い鬚のような根も付いていた。おどろいたが、噛

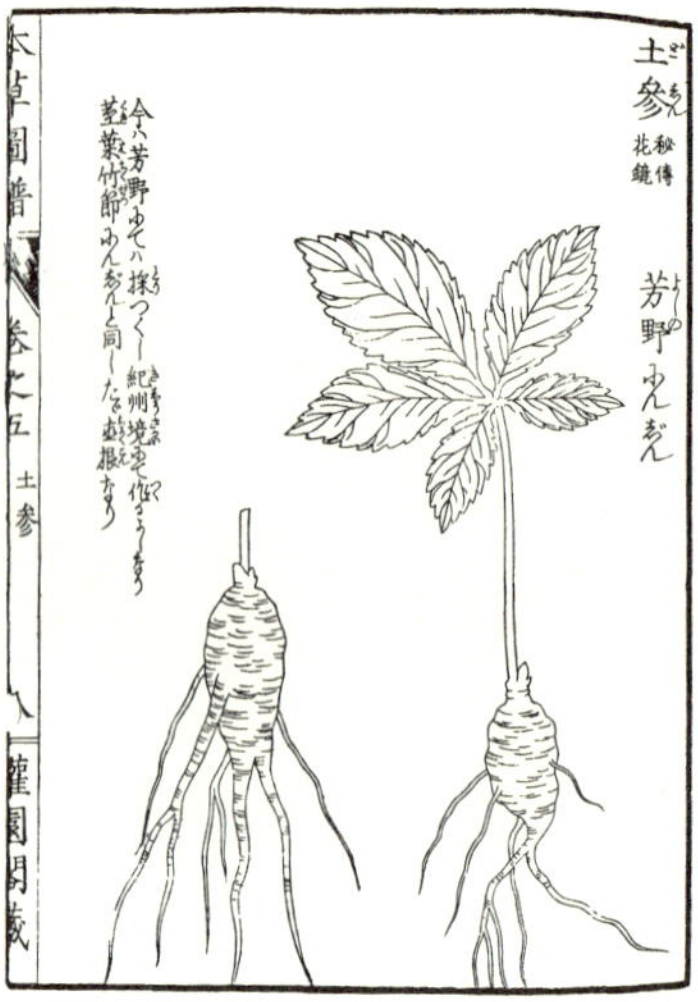

土参　芳野にんじん（『本草図譜』）

んでみると朝鮮人参と同じような苦味があった。

何欽吉が人参を発見したことは、この偶然の出会い以外は、本草学の書物にも載らず、かなり後になってから、次第に朝鮮人参に迫るくらい薬効が認められるようになってきた。

この竹節人参の茎、葉の形状、枝の分岐状態、実などは朝鮮人参と同じである。しかし特徴は根にある。一年毎に竹のような節がみられ地上茎が枯れた跡形も節毎についている。おおむね地上茎にたいして横に直角に近いほど折れ曲がって、その茎にも多少曲折が見られる。節間のながい細いのもあれば節間が短いずんぐりしたのもある。細いヒゲのような根が生えている。一年毎の地上茎や葉の生育は人参に似ている。

その薬効も、確かめられたので、薩摩藩では和人参として栽培する産業にまでになった。薩摩の「ひげ人参」、あるいは薩摩「小人参」として全国に広く知られるようになった。

京師の山中に生えるものは、横・円の二型だけである。紀州熊野、和州芳野に生えるものは、三型が雑じり生える。薩州、加州白山、信州松本、木曾、豆州等にも直根を出す。特に、熊野・大和吉野に産するのは横・円・直の三型が雑じって生えるといっている。

図は、『本草図譜』によるものであるが、次のように付記されている。

土参 秘伝花鏡　　芳野にんじん
今は芳野にては採《トリ》つくし紀州境にて作るよしなり。茎葉竹節にんじんとした直根なり。

宇陀松山の森野薬園の『松山本草』をみると、朝鮮人参はカノニゲクサとし、本朝人参はヒゲニンジンとして、竹節人参の図が描かれている。その根をみると横にのびた地下茎の脇から、やや太いヒゲネがでているのがわかる。これらの根を集めて、ヒゲネとしたのだろう。おおむね、この様に、当時の本草学の書物には人参、土人参について書いてある。当時の本草家の参考書の解説である。

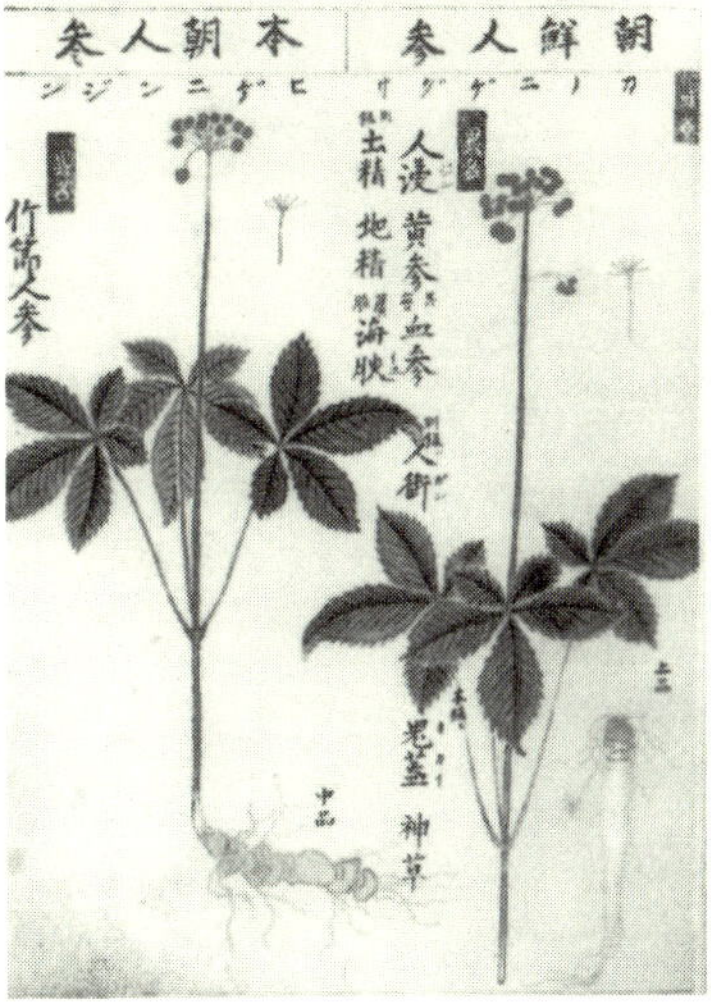

朝鮮人参と竹節人参（『松山本草』）

その頃、竹節人参は、薩摩では「小人参」として市場にもではじめており、元禄四年（一六九一）に磯貝舟也が著した『日本賀濃子』には、各地の国別の生薬をあげている。それには、人参の需要がさかんになって輸入の他に国内産の人参をあげてある。信濃の山人参、丹波の似人参、但馬の小人参、薩摩の髭人参である。これらはおそらく竹節人参であると推測される。熊野や箱根でも自生が確認されていた。

人参の需要が多くなり、幕府では必要な量を確保するために、採薬使を各地に派遣して調査をした。各地の山野に自生している人参を採取することになり、薬草御用として大和では主として奥吉野一帯で、かなり大規模に行われることになり、数百人の多くの農民が徴集され人参採集が行われた。

四、「幕府の薬草御用」

徳川幕府は、主として人参を採集するために、採薬使を各地に派遣した。大和へも度々訪れていたが、植村左平次(5)は享保年間に、奥吉野一帯において、村人達を大動員して献上するため人参採取を行った。享保十四年（一七二九）における大和採薬は、四月から六月まで、数百人の村人を集めて、人参掘を行ったのであった。

享保十四年三月に江戸をたった左平次一行は、東海道を下って伊勢に入り、四月四日に宇陀郡室生村に入り、次第に南下して、吉野郡の各地で採集をしている。

それに先だって、幕府からの触書が届けられていた。これは、「薬草御触書」として、道中の宿所や代官所、さらに村の庄屋へと、道中支障がないように人馬、案内など御用がとどこおりないようにせよとの通達であった。これに対しての村方の対応は、大災害にあったかのように大変であった。村役が集まり、食事の接待、宿泊、道中の休憩場、道修理、人足の手配、荷物の運送などについて相談した。

吉野郡川上村高原での準備状況について、保存されている古文書(6)から接待などについてみてみよう。触書が届くと、村では早速、庄屋・年寄衆が集まり協議した。それによると、まず、御宿のこしらえ五軒とある。道作り百町五番石（山上ケ岳への道中、百町茶屋のある五番関）。御休場の設定。弁当の準備、各村への人足裁量とある。

この年の人足は、川上郷の四保五ケ村、武木・碇《いかり》（井光）・下多古・井戸・白川戸で六百五十人が割り当てられている。

採薬使の接待には、宿は村の庄屋や年寄宅が当てられている。採取地の状況によっては百姓宅も当てられた。宿泊にさいしては、本陣は植村左平次、手代役人、各領内から派遣された薬草見習である。さらに、定掘者として常雇の薬草人夫たちであった。

食事については、触書によると、御本陣は一汁三菜有り合わせのもの、外の手代衆並びに見習までは一汁二菜、定掘者は一汁一菜の指図通りとある。ただし採薬使自身の入用費用は本人が出すとなっている。

この幕府の薬草御用に要した村方の費用は、貧村には大きな負担を強いていた。米四石二斗二升代・酒六斗代、茶弁当代から鉄砲、玉薬などまであげられている。特に、高原村では、四月の大霜による被害もかさなり、麦や茶の不作のために飯料がなく代官所の検分を得て、後に夫食願《ふじき》をだしているほどである。夫食とは、食料になる雑穀で、困っている人たちに粥などを与えることである。

左平次の採薬日記によって通過村を記しておく。

四月四日に室生に入ってから、曽爾村、神末村、御杖村、高見山、川上村へ入って、下多古から各在所で採取し、吉野川をわたり、大台山を見分けして、吉野から下市へ帰っている。そこで薬草園の設立の手配をしてから、再び赤滝村、天井ケ岳、山上ケ岳、北山村へ降り、前鬼から釈迦ケ岳、前鬼から佐田、池原に出て泊まっている。

五月二九日、これまでに献上人参は、都合しめて千九百十一根にのぼったとしている。

それからは、十津川村に廻り、玉置山に登り、風屋に出てから熊野川を北上して、高野山に向かっている。高野から、天川村へ引き返し、西吉野村から下市へでて、薬草園の普請を終えている。

六月二一日、左平次一行は、大和での採薬御用を終え河内に向かっている。

五、「吉野人参の栽培」

その頃から、直根人参が出回るようになったのであろうか、これに関する記録が散見する。

松本駝堂（一六七三〜一七五一）が、薬用人参の調査のために諸国を歩いたが、享保三年（一七一八）熊野山中で和人参六茎を採集して、幕府に献上している。宝暦八年（一七五八）の『千代倉家日記抄』に「朝鮮人参一箱、直根人参壱袋」との記録がみられる。

日本、最古の薬草園といわれている宇陀市旧宇陀松山の「森野薬草園」の文書の中に、「大和国出産之薬種御尋に付き奉申上候書付」と、大和の薬種についての調査報告をしている。[7] おそらく三代目藤助（一八〇八年没、五二歳）の時であろう。その中に、吉野人参の記録がある。

一、直根人参　吉野人参と唱え候品。当御支配所の深山にも少々宛は自然生え出し候得共、吉野郡山中自然生多く掘りだし候。もっとも、吉野郡にて作り出し申し候をも取扱いまかりあり候。

吉野の山中には、自然に多く生えているが、栽培したものも取り扱っているとある。以前は、山から掘り出していたが、今は栽培種を取り扱っているとある。

薬草御用の人参採取にしたがった農民の内から、山採りの種を畑に植えて薬種として栽培する者が現れ、吉野郡の村々でこれが普及していったようである。これが、いわゆる吉野地方での薬種であることから、「吉野人参」とよばれるようになったと思われる。

天保八年（一八三七）九月に水戸中納言斉昭公から山本亡羊が直根人参の育方製法について詳しく申し上げるように命じられている。

「土参考」は、徳川斉昭公の御下問に山本亡羊の二男、篤慶が奉ったもので、人参の育成や製法が記録されている。この本のはじめの処に、

一、大和国吉野郡天ノ川ノ内峰川郷ト申処に栽申候以下何処何処と地名を挙げており七月頃生根掘取其儘製法へ持出商仕候とある。

製法家として、吉野郡十日市村松屋善兵衛、松本屋善左衛門。宇知郡五条村久宝寺屋宇兵衛以

上を「本口」と称し大坂へ出す。吉野郡長（竜）門郷柳村中屋庄次郎「外口」と称すとあり、相当の生産量があったと考えられる。ここにある製法家とは、人参を生薬に加工する意味である。

直根人参と加工、育成については、次のようである。

「直根人参又吉野人参トモ云ウ。此ハ吉野山ニカギリテ自生アリ、夫ヲ近山ニテ培養シテ薬店ニ出ス。其根竹節人参ノ形ニシテ節節ヨリ出ル髪根巨シテ髪根ニナラザル形ナルモノアリ、其巨キ髪根ヲ採リ製造シ出スモノナリ。故ニ苦味甚シクシテ、竹節ニ近シ、…略…詳ニ弁別スベシ」

ここでは、明らかに、直根人参とは「トチバニンジンの髪根を肥大させ製造したもの」であると書いてある。その育成の仕方は、「何分、直根ヲ作出ニハ骨ヲ折リ土ヲ柔ゲ、人巧ヲ用イテ生姜ノ形ニ相成ル性質ノ物ヲ直根ノ長クノビ候様ニ工夫仕候物ニテ御座候」とあるように、かなりの育成には工夫がいるようである。しかも、これには、特別の苗が要るようで、「直根ハ実生四五年デ掘取候極上品ハ出来宜シク、細長ニシテ太ク肥エ　尾細長ク御種（人参）ニ似寄申候。」とある。これらの苗を育てる場合、翠山が書いているように畑に日覆いをして育てたのだろう。

翠山は、吉野郡の天川村で栽培していたという。当時、各地で薬草の栽培が行われていたようで、下市から洞川への道中、川戸辺りでは、白止《びゃくし》（薬草ヨロイ草）などの薬種を作っていた。「天の川は、人家、吉野人参を作る」『天川荘記』[8]と人参を栽培している。翠山は、また、吉野郡のことで、後で気付いた事項については、最後の『十津川荘記』[9]にとりまとめているが、やはり天川村について、「大門村（川合）より中越村へ半里余、この辺り、当帰・吉野人参・黄蘗、その外、薬種を多く作る」とある。大門も中越村も天川荘である。

これらの記録から、「吉野人参」とは、栽培種であると考えられ、先の釈迦ケ岳山中に多しというのは甚だ疑問のある記録である。実際にやってみるという実証的な態度の翠山が、間違いを書くはずがないと思いながらも、この疑問を持ちつづけていた。

釈迦ケ岳の古田の森には赤い実をつけた人参が群生していたと書いてあったが、先年登山した際の黒ずんでいた葉のバイケイサウの群落を思い出したのであった。

翠山に魅せられて、彼の著作を次々に読んでいる内に、『埜山草木通志』、これは高野山の植物記録である。この中には、やはり「吉野人参」が「直根人参」として記録されていた。それには、明らかに次のように書いてあった。

「直根人参ハ富貴（高野町）大深（西吉野村）ノ山民柴ヲ以テ圃ヲ囲イ日ヲ蔽イテ之ヲ作ル、形状トチ人参ニ不異、其根直下ニシテ朝鮮種人参ニ同ジニシテ味極苦」。

やはり、畑に植えて日覆いをして育てるので、地上の葉茎の形は「トチバニンジン」と異ならず、その根は朝鮮人参と同じとある。果たして、これは、「朝鮮人参」すなわち「オタネニンジン」と同様なのだろうか。

こうして、直根人参の「吉野人参」は、日覆いをして畠で肥育したものであることが判明した。しかし、翠山が記録した釈迦ケ岳の直根人参の疑問は、解くことができない。

当時の、古田の森などは、日の目をみずと日光がほとんど射し込まないような暗い状況であれば、畑に日覆いをして栽培したのと同様な発育をして根が真っ直ぐに延びたのだろうか。

その後、朝鮮人参が栽培されるようになって、吉野人参の栽培が、全く行われなくなった。江戸末期から明治になっても、一時期までは、「直根人参」が生薬屋で販売されていたようである。その後、次第に市場から消えていったのである。

翠山は、友人の堀田達之助へ送った書簡に記している『綱目註疏』(10)は、彼自ら後世に遺すと自負している著作である。その中に、釈迦ケ岳の直根人参の記録が誤解であるような記載があったのである。過ちを訂正したと見るべき記録である。先学の過ちを糺すに躊躇しない相変わらず強気であるが、次のように、全く最初の説明とは反対の記述である。

「竹節参」として、「紀州熊野芳野ニ生スル者ハ横・円・直ノ三品雑リ生ズト云、憶説也。熊野ニハ直根無之、凡テ皆竹節横根ニシテ、横根ヨリ下リ生ズル根ニ円根アリ、コレヲ熊野ニテ、フド根ト云。土団子《フド》根ニ似タレバ也。円根ヨリ直ニ苗葉ヲ生ズル者ニ非ズ。」

「吉野直根ハ山中自然生ニ非ズ、山民苗囲ヲ作リ養ウ者、山生ハ直根ナク凡テ横根竹節也」、とある。

「紀州熊野芳野ニ生スル者ハ横・円・直ノ三品雑リ生ズト云、」とは、先の小野蘭山の『本草綱目啓蒙』にあるが、「憶説也」誤りであると否定しているのである。

吉野人参は、釈迦山中に多く、「直生して横生なし」という『吉野郡中物産志』の自説を、「山生は直根なく、すべて横根で竹節なり」と変えている。このように、最初の直根人参、すなわち吉野人参なり。山中に多いというのは、全面的に否定したことになる。

左の図は直根人参（東大医学部薬学科保存『生薬学雑誌』）であるが、竹節人参の肥培、成長したフド状や直根の状況がよく判る。

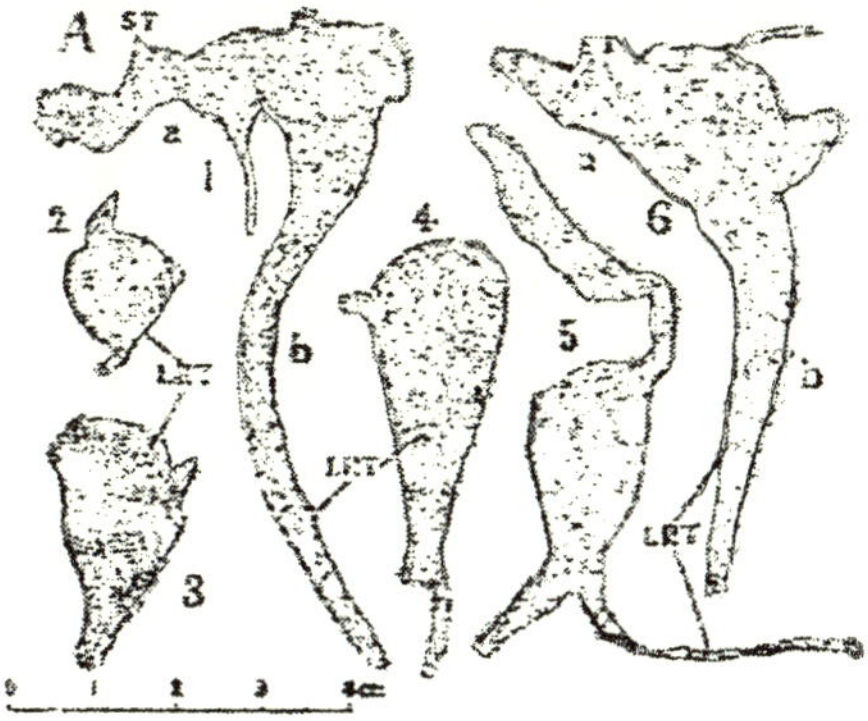

生薬　直根人参

したがって、「薬草の部」の最初の、直根人参の記録は、誤解を避けるために削除すべきであると考える。つぎの記録に留めるべきである。

「竹節参　吉野郡諸深山ニ多シ。釈迦岳古田森ノ樹陰、日ヲ見ザル地列ヲナシ生ズ。根大ニシテ指ノ如シ。味極メテ苦ク、秋月、紅実アリテ、甚ダ美ナリ。」

トチバニンジンは、吉野群山のみならず、金剛・葛城山から室生山、大台ケ原山に広く分布しているが、その後、おそらくトチバニンジンの栽培法が工夫され、「吉野人参」として、吉野地方の各地で栽培される薬種の一種となったと考えられる。土産物としても、売られていたので、『日本輿地通志』畿内部巻第二十、大和国之十、吉野郡の土産の最初に「人参―呼んで吉野人参と曰わく」とあり、これに威霊仙・升麻・細辛などの生薬がつづいている。

ヨシノニンジンとしては、「天然記念物、植物の部、草本類」（羽根増治郎編「国立公園吉野群山熊野地方及付近の探勝案内」四頁　吉野山岳会　昭和八年）に、その名称が見られた。

しかし、吉野人参の栽培も行われなくなり、戦後は、全く市場からその姿を消してしまった。なお、直根人参という名称は、種々の記録に遺っているので、新たな疑問になっていた。戦後資料の調査をした淺野正義氏は、『本草図譜』の土参考、芳野人参の「且吉野人参ノ根ハ此図ノ如ク直根ニハナラズ、根ノ株ハ竹節ニシテ其レニ巨キ髭根一二本出来ルナリ其巨キ髭根ヲ取テ直根人参ヲ製スルコトナリ」と、ほぼ同様の「直根人参とはトチバニンジンのヒゲ根を肥大させたもの」と結論を述べている[11]。

また、木島正夫氏は、『本草図譜』の「土参」「芳野人参」の解説の中で、戦前には「直根人参」といい、トチバニンジンの竹節状根茎の老成部付近の二、三本の異常に太い髭根（径五～七、八ミリ、長三～五センチ程）の直根状になったものを採取したものがあった[12]。当時、葛城山中から産したもので今はみられないという。

実体は、肥培したトチバニンジンの髭根の肥大したのを集めて直根人参、あるいはヨシノニンジンといっていたのではないかと思われる。しかしなお、トチバニンジンの初年生、幼植物の髭根とする解説と老成部付近とするのとは、相反しているようで、やはり栽培、実証してみたいものである。

なお、宮本常一氏は、西吉野を調査し、「衛生」薬用植物に、「チヨッコニンジン――ツリガネニンジンともいう。朝顔の花の小さいような白紫の花が咲く。根をそのまま食うと脳の薬になる」と記している。[13]この「チヨッコニンジン」とあるのは、「直根人参」と解することはできないだろうか。もし、そうであるなら、吉野人参に、新たな疑問と、天川ではツリガネニンジンを栽培していたのではないかという疑問と誤解が生じかねない。

ツリガネニンジンはトトキともいい、生薬沙参である。白い直根である。沙参であれば、翠山も十津川谷瀬で記録をしている。

享保年間には、幕府の薬草御用として、奥吉野の多くの農民達が駆り出され、村々では費用の捻出に苦労するなど大きな問題であった。これが、江戸時代末期には、吉野郡の土産物の筆頭になっていた吉野人参も、すでに戦後には幻の人参となってしまったようである。

註

(1) 畔田翠山『和州吉野郡物産志』上下巻　天理図書館蔵
(2) 小野蘭山『本草綱目啓蒙』1　平凡社　一九九一年
(3) 畔田翠山『埜山草木通志』天理図書館蔵
(4) 川島祐次『朝鮮人参秘史』八坂書房　一九九三年
(5) 植村左平次「大和国採薬記」『奈良県薬業史』資料編　二三四頁　昭和六三年
(6) 『川上村史』史料編上巻　三三三〜三三七頁　吉野郡川上村役場　昭和六二年
(7) 「森野家文書」『奈良県薬業史』資料編　八〇頁　昭和六三年

（8）畔田翠山「天川荘記」『和州吉野郡名山図志』天理図書館蔵

（9）「十津川荘記」『和州吉野郡名山図志』天理図書館蔵

（10）畔田翠山『網目註疏』大阪市立博物館蔵

（11）淺野正義「所謂直根人参について」『和漢薬』第二八巻　第五号　一三一頁（三〇〇号）昭和五三年

（12）『本草図説』総合解説　同朋舎出版　昭和六一年

（13）宮本常一『吉野西民俗探訪録』二九三頁「日本常民文化研究所ノート」昭和一七年

七　奥吉野の生物――コマドリとミツバチ、鹿・熊・猪たち

大峯山系には、大峯奥駈道のように世界遺産に登録された修験道の発祥地であり歴史上貴重な遺跡が遺されている。他方では、鍾乳洞や「オオヤマレンゲ」など天然記念物に指定されている自然科学上大切な鉱物や生物にも恵まれている。しかし、環境の汚染や、交通の発達によって、すでに絶滅したものもあるようで、非常に惜しいことである。

さて、大峯山系は野鳥の宝庫ともいわれている。駒鳥は、かつては、「吉野古麻」と呼ばれて愛禽家に喜ばれていたそうである。今は、奈良県の「県鳥」に指定されている保護鳥である。

また、昔は山中で鹿や猪、時には熊など多くの獣たちとの出会いもあったかもしれない。今では、鹿による天然記念物オオヤマレンゲの被害や熊による害などがいちじるしく、その対策に苦辛を強いられている。

かつて、江戸期に奥吉野一帯を調査した紀州藩士の畔田翠山は、山中の物産、主に草木類、あるいは鹿・熊・猪などの動物、また自身の調査と経験、さらに村人達からの聞き込みによって、

興味の溢れるような記録をのこしている。昔の奥吉野の村人の暮らしと生物たちの関係など、その当時の様子を知るのに参考になる。

当時をしのび、現状と比べることによって絶滅種を推察したり、また如何に変わってきているか遷移の状況などもうかがわれるかもしれない。

一、吉野古麻（コマドリ）　県鳥の「駒鳥」

奈良交通のバスの車体をみると、奈良県を代表する県木の杉・県花としての八重桜とともに、県鳥として駒鳥の絵がえがかれている。昭和四十一年六月に県民の鳥に指定された保護鳥である。もともと、コマドリというのは、鳴き声が駒すなわちウマに似ているから駒鳥と言われるので、その鳴き声の美しいことから、愛玩されてきた。

昔は愛禽家によって飼われて、その鳴き声を競ったものであった。中でも、大峯の山上付近で捕れる駒鳥は、「吉野古麻」として有名であった。

駒鳥は、渡り鳥であるが、大峯における生態は、あまりよく把握されてはいない。日光の当たるところには、姿を現さず、ササや草にかくれて行動する。

コマドリは、ツグミ科の保護鳥で、スズメよりやや大きく、体長は、約一四センチ。雄は頭部から背面にかけて濃赤茶色、胸や腹部は白色。雌は、地味な暗灰茶色をしている。

ほとんど標高一二〇〇～一五五〇メートルの亜高山帯のブナやミズナラの森林で、スズタケやスゲなどの下層植生が茂っている森林に棲んで、クモや虫を食べている。針葉樹林には、生息していないという。巣は、倒れた木の下や木の根の空洞などに木の葉や細い根を敷きつめて作っている。「一夫一婦制」で、それぞれ縄張りを持っている。

県内には四月下旬頃に飛んでくる。一〇月頃、四国や九州方面に去る夏鳥である。

江戸時代から明治・大正にかけての頃は、吉野郡の洞川村も駒鳥産地としてかなり知られていたようで、その売買も盛んに行われたらしい。『和州吉野郡群山記』には、所々に駒鳥を捕らえる様子が書かれている。

春になると、例年駒鳥を捕って生業としている人たちが集まって、山上ケ岳と川迫山に分かれて、抽選をしたらしい。そして権利を得た者たちが食糧を背負って山に入り、いよいよ駒鳥の採集にかかる。

それは、まず駒鳥の巣を発見することから始まるらしい。中に卵が在って親鳥が抱卵しているのを発見すると、その近くの立木に切り傷をつけて目印にしておく。そうして、卵が孵化して雛が生まれると、親鳥がいなくても摺餌《すりえ》で育てられる程度に成長するまで、じっと気長に待つ。適当な頃を見計らって巣から雛をとりあげ、鳥篭にいれるのである。洞川には、明治の頃、七、八人の駒鳥捕りがいたらしい。

大峯山系の駒鳥捕りについて『山上岳記』には、つぎのように書いてある。「洞川の者は、山中に入って駒鳥の巣を捕って帰り、諸国で商いをする。この山に入る者は、毎年稲村山と迫川山

（川迫山）とに入り、五、六人でクジ引きをして、それぞれ当たった山に入り、飯菜を用意して山中に泊まり、巣の子を捕って帰る。駒鳥は、高い岳に住んでいて、深い山の地上に巣をつくり子を生むと言う。春から夏は、深い山にいて、秋から冬になると洞川の村里に出てきてどこともなく去ってゆく。考えてみると、秋冬に駒鳥が渡り飛んで行くのは海辺の岬である。（声がよいので吉野古麻と称された）」。

また、次のように書いてある。

「駒鳥の雛を捕るのに洞川の者、くじを引いて、五月中旬、迫川山と稲村岳の山中に入る。半分ずつに分かれて、隔年きりに迫川山と稲村岳に入る。

駒鳥の子が喰うすり餌を持って山中に入り、小屋を作って宿にする。駒鳥は樹陰の地上に巣を作り卵を生む。それを見いだして側の木を切りはつり印とする。ようやくかえるのを待って、程よい時、その雛をとり、篭にいれて養う。餌でかうのに三口宛である。駒鳥の雛は三口に限って喰わす。十日ばかり山に入って後、この雛を持ち帰り成長せしめて世上に出す。上鳥は二朱位である」（『迫川山記』）。

江戸時代の洞川の駒鳥捕りの様子については、このようにかいてあるが、明治時代の終わり頃まで駒鳥を捕って商売にしていたらしく、故老の談話（昭和三二年）として『大和の天の川』にある。

「五十年位前には、駒鳥の雛捕りを商売にしていた人が五、六人いた。四月になると何処からともなく飛んで来て大峯山脈にくるのであるが、この時期には龍泉寺山でも、よく鳴いていた。卵が雛にかえる盛りは、六月から七月にかけて（昔の節句の頃）であって、この卵から孵化したものを捕って帰り、飼い慣らしてから、商人に売った。「駒鳥買い」の商人は、大阪、鳥羽、和歌山辺から来て、中には先金までうっておき、百羽位を手に入れるまでは帰らなかった。ただし、雌は買わないので、売り手は雌雄の判別ができるようになると、雌は山へ放したものであった。しかし、「ノゲ」と言って、九月になると山を下って南国へ飛んで行く鳥は捕ったらしい。

村人のなかには、「駒鳥捕り」は孵化して間もない小さいのを捕るので殺生だと思っていた人もいた。「駒鳥捕り」の終わりは皆よくなかったと思うと嘆いている人もいたようだ。ある人は、病気で亡くなる時、雀の鳴き声が駒鳥の鳴き声に聞こえたという話もある。

コマドリは、昔は多くいたらしいが、随分減少している。それは、やはり環境の悪化であって、パルプ用などのために自然林の伐採が、コマドリの棲息環境を狭めたのであるといわれている。

子供の頃、白の長い顎髭をはやしていた内のおじいさんが飼っていたのをかすかに憶えている。たしか「コマンドリ」と云っていたようである。

二、蜂蜜をとる蜜蜂類

吉野・熊野にかけては多くの昆虫類が分布しているが、翠山の記録には、日常的に役立つような、あるいは害をあたえる種類に、重きをおいた限られた種類だけに終わっている。

十津川から熊野にかけて、蜂蜜が採取されたようで、翠山は、昆虫類のなかでも、特に詳しく記録している。蜂蜜をつくる蜂の種類については、蜂・蜜蜂・崖蜂については、次のように書き留めている。

「蜂」

馬尾蜂　十津川の山中に多い。朽ちた樹の中をむしばみながら化生する。形状は、木蜂アヲハチに似て腰が細く、尻が長く、黄黒の横筋がある。その尾には、三本の刺（針）がある。常には一本で、分かれると三本になる。長さは、四、五寸ばかり。この針を曲げて、朽ち木に刺して子を生む。

杣人が、材木を作って山中の谷の傍らなどに積んで置くと、この蜂が来て、その材木を刺して子が産まれ、害をあたえる。釈迦ヶ岳・弥山・楊枝の深山にある大樹の空洞に巣を作る。

十津川の土地の人は、山に入って巣を探す。春になって、山中でいろいろな花が盛んに咲くとき、竹筒に蜜を入れて持ち歩き、蜂がくるのを見付けると、花の上に蜜を少しつけておくと、その飛んできた蜂が、飛んで帰って大蜂を二、三匹つれてくる。この蜂がくる状況をよく見て、巣を造っている場所を知ることができる。

また、山中で蜜蜂が空を高く飛ぶと、その近くに巣がある。地に着いて飛ぶと、その巣は遠くにある。土地の人が春月に、山に入って蜜蜂を捕るには、その巣がある樹の口に袋箱を当てて、蜂を追い入れて帰り養う。秋月は、樹穴の様子をうかがって、その樹を切り、蜜を出して捕って帰る。その巣に残っている蜂は、みな飢え死にする。この蜜が、すなわち木蜜である。

「崖蜂」

釈迦ヶ岳の山中にいる。巌壁が切り立つ上に、巣を造る。所によっては、巣をとることができない。何年も、居住している蜂がいる。その蜂は、蜜蜂よりも小さく黄黒色である。蜜は、はなはだ上品である。

「土蜂」

十津川の花瀬・栗平や小篠などの深い山に居る。蜂は、地中に入って蜜を造る。その蜂は、黒色で蜜蜂より大きく、土に穴を穿ち、その中に住み、巣を串作にしている。この蜜は、巣の中には無く、地中に塊をしている。榧子《かやのみ》を連ねたようなものである。内に、蜜を貯めている。味は、いたって甘い。また、蜜蜂よりも小さい一種類がいる。黒色である。

和州、深山では、大樹の朽ち株の根下に巣を造っている。熊が好んで地面を掘り、この蜜をたべる。

三、哺乳類　けもの類

猪・鹿・熊など大きなけもの類

大峯山系や大台山脈、さらに果無山脈が南北に走る奥吉野の山中には、猪から鹿、熊などの大きな獣類が数多く棲んでいた。ほとんど哺乳類である。

『和州吉野郡中物産志』にあげられているのは、野猪・鹿・ニク（羚羊《かもしか》）・熊・羆《ひぐま》・ヒトツサル・ノブスマ・石燕《いわこうもり》である。狼については『和州吉野郡群山志』（以下『群山志』）などに出てくる。

「イノシシ、野猪」

昔は、とても大きな、まるで牛のような猪がいて、少しも人を恐れなかったそうである。大台の三途河落《みつかわおち》（三津河落）から伊勢の大杉村へは三里ある。三途河落から二里、東に下ると不動の滝がある。とても大きな滝で、この辺の村の人たちは、熊野の那智の滝よりも三尺だけ高さが低いだけだという。この六里の間は深い山で、一軒の人家もない。山中には野猪が多くて、大きいものは牛のようで、人間も恐がらないという。このあたりは、あまりにも山が深いので、狼はいないそうである（『大台之記』）。

しかし、明治時代に大台で修行した古川嵩行者の話によると、狼の吠える声を聞いたという。

泉州、泉南郡塔原の山家の人がいうには、野猪は、一年に十二の子を産む。一回に六子である。産まれた子は甜瓜ほどの大きさで、縦に白赤黒の間道（筋）があるが、成長するにしたがって、この斑紋はなくなる。

その二年者を三足、四年者を四足、また、五、六年者のおおきなのを五足という。しかしながら、その性によって、年を経ても小さな者もいる。また、早く大きくなるものもいる（『熊野物産初志』）。

この二足、四足というのは、イノシシの皮からとれる皮の履物の数をいうのである。例えば、五足というのは、五人分の皮沓《かわくつ》に相当する広さの皮のことで、イノシシの大きさをあらわす。

高野山の東南山村では、野猪を倒して皮を剥ぐが、死体は山足の樹間にすてることが多い。富貴村では、猪を一疋倒すとその賞として、米を四斗くれたそうである（『埜山草木通志』）。

翠山は、野猪と狼とが闘う様子を、次のように書いてある。

熊野の周参見の人がいうには、大きな野猪は、能く狼と闘うことができる。狼は、只一匹では勝つことができない。二匹の狼がきて、一匹は野猪の後にしたがい、他の一狼は先に廻って、樹間に隠れている。追われてきた野猪に、不意に横から飛び出て、ところかまわず噛みついて、去ると、後からきた狼、先に廻って喰う。このようにするのである。

野猪の勢力が尽きた後、野猪の上に乗って首を伸ばし、傍から喉を噛む時には、野猪は声も出すことができないで、その声はまるで赤子の泣くようである。仆すと、すぐその身を半にかみ切り、持って行く。その切るのは、刀を用いるほどである。（『紀南六郡志』）。

「シカ、鹿」

大峯山系には鹿が多い。十津川荘の花瀬・内原・栗平・小川・西川・北山などでは、こういっている。鹿の角が一本で、枝のないのは、年を経ても、まるで一本で、枝はできない。これを「ズワイ」といい、その皮は、いたって下品（下級品）である。角の一方が二枝で、片一方が一本のもいる。歳がたっても、一方は二枝で、もう一方も枝なしである。左右に、三本の枝のある角は、いくら歳をとっても三本のままである。

花瀬の山中に、左右の角に四岐の鹿がいた。笛を吹くと、近よってはくるけれども、鉄砲で撃ってもあたらなかったそうである。

鹿の一種に、山中で「オオシカ」というのがいる。その鹿の角は、末が二股になっていて身体はいたって大きいが、その皮は下品で用をなさない。これは麋《おおしか》の類なり、とある（『和州吉野郡物産志』）。

口熊野（和歌山県）の近露村の猟師がいうには、鹿は角の先が分かれているのは二声なく。三岐あるのは、三声なき、四岐あるのは四声なく。一角のものは、数声をつづけてなく。それ故に、山中で、その鳴き声を聞くと何岐の鹿であるか知ることができるという（『熊野物産初志』）。

こんな話も書いてある。鹿も、道で行き逢うときには、首を下げ角をまわして人に突っ込もうとする。この角を、両手で捕まえる時は、人もかついで投げられるが、片手では片方の角をつかんでも投げることはできない。先年、十津川の内原の人が、家の近所で鹿に逢い、角をもったところ、腹をすくい刺され、腸がとびだして死んだという。

十津川荘は深い山の谷間であるので、野猪や鹿が多くて田畑の被害が少なくない。それで、村ごとに入口に杉を割って垣を作り木戸をつける。木戸は、割木を白口かづらで編みつける。その木戸の先に堀切をして、割木を白口かづらで編んだ梯子を掛けて、垣の内へ出入りする。秋夏になると、夜は常に火縄をたき、各家々では追う声を出すことが度々であるという(『十津川荘記』)。

高野山の山中には鹿が多い。常に林下にでて、人に馴れる。高野山では、もっぱら豆腐を造っている。その雪花菜(おから・きらず)を山中に捨てて鹿に食わせている(『埜山草木通志』)。

「ニク」

当時、ニクとよんでいたのは、ニホンカモシカで、今はカモシカ(羚羊)と呼んでいる。

ニクの毛色には、数種類がある。白ニクは、爪にいたるまで白い。ムクゲニクという種類がある。内原(十津川村)の猟師がいうには、ニクの中には、たてがみや全身の毛が長くて蓑のようになっているのがいるそうである。

身体の毛は黒、足は赤黄色のものもいる。先年、このニクを鳥撃ち鉄砲で七発で撃ち殺した。しかし、皮を剥ぐときに、まだ完全に死んでいなくて、ずいぶん歳をとったニクであったという。

大台の山中にはムク毛がいる。小川の猟師がいうには、ニクは山の深い浅いにかかわらず山に群居して棲んでいる。

猟師が犬を追わせると、たちまち絶壁に入る。犬は追っても、登ることができない。ニクが首を下げ、角で犬をすくいあげ、振り回すこと数十度、飛車よりも速く、後で犬を岩上に放り投げると、犬は苦しんで死んでしまう。

ニクは、山中で人をみると動かない。これを「ニクの守り」と云う。しばらくしてから、走り去る。また、山中でふいに人に逢うと、一声啼いて走り去る。その声は鳥の声に似ている。このニクの足には、牛蹄のようで懸蹄があり、足の芯はいたって柔軟で綿のようである。これで人が行けないような巌石の処にも登ることができる（『吉野郡物産志』）。

大台ヶ原に、義経の馬がいたという話がある。その頃、大台に源義経が乗っていた馬がいるという。これをよく尋ねてみると、年老いたニクである。北山村東川の山民がいうには、このニクはいたって大きく、いまでは二間ばかりにもおよんでいて、髪は長く生え茂り、その形はすさまじく、旧年から山中に棲んでいたのである（『大台之記』）。

「クマ、熊」

これは、ツキノワグマのことで、首の付近に三日月状の白い部分がある。クマは、深山の大きな樹木の空洞を巣にしているのが多い。山上ヶ岳のふもとや釈迦ヶ岳の山中の扁柏《ひのき》の大樹の皮を剥ぐことが多い。これは、みなヒノキの脂を出させて食べるためである。また、矢竹の筍が、梅雨前に生えるのを食べる。ホソの実やシラクチも食う。

七面山や釈迦ヶ岳の山中に棲んでいる熊は、大樹の梢に木の枝で巣を作っている。蜜蜂が飛ぶのをうかがって、その巣をしるのは、まるで神様のようである。蜜蜂は、大樹に小穴があるのを入口にして、その内の空洞に巣を作る。熊はその穴口の幹を抱いて、この穴口を噛み破る。木が堅ければ、数日間も噛みついて、ついには破り裂いて、中にある蜜を食う。

熊やニクは、弥山の山中に多い（『弥山の記』）。

熊胆（クマノイ）は、十津川では売りに出る。この胆は、夏月は柔軟である。北山村や東川からでているのは、乾して枯れさせてある。味は苦涼であって、水に入れると灰のように散って回転する。しかしながら偽製のものが多い（『吉野郡中物産志』）。十津川村では、熊が多いので胆を取り出して「十津川胆」という。

熊は深山の道で子を遊ばせる。物音もなくそこに人が行くと、おどろいてたちまち躍り上がってきて人を裂くことがある。山中では物音をさせねばならない。狼に反抗するのがいる（『十津川荘記』）。

北山の者は、雪の中、深山に行って、熊の穴口で寝ているのを斧で頭をきり、殺して皮や胆をとる。雪中では、熊は傍らによっても、人が来たのをしらない。斧を入れると、熊は啼き叫ぶそうだ（『北山荘之記』）。

熊野では、国禁によってクマを殺すことを許していない。それ故に、老熊が山人に敵することがある（『熊野物産初志』）。

「アナグマ、羆」

植村左平次は、奥瀬戸（吉野郡川上村）の辺りには穴熊が多いと記録している（『大和採薬記』）。翠山は、文化年間の初めの頃、大台山中で、西の村の猟師が羆を捕った。大きさは狸ぐらいであった。毛は灰色で狸の毛と同じで、長さは一寸足らずであったと書いてある（『吉野郡中物産志』）。

羆の毛は短く質もよくないので、冬は穴生活をせざるをえないので羆といわれるそうであるが、狸の毛皮ほど珍重されない。

「サル、猿猴」

猿の生態については、奥熊野で観察した話がある。奥吉野山中の猿についても、いえるかもしれない。

奥熊野では、猿が山中で二、三百、そのうちには大きさが十四、五歳の童子ぐらいで極めて赤い顔をしているのがいる。人をみても畏れず、この大きいのが、群の中に三、四匹いる。常に石頭に腰をかけて、小猿が果実を拾い食うのをながめている。小猿の口に果実がいっぱいになると、小猿を捕らえてねじりつけ、手を口に入れて、含んでいる果実を探りだして食う。故に、小猿は哀れな声を出してなき叫び、そのやかましいことは犬の噛み合いのようである。

その中ほどのものは、樹にのぼって果実を落とし小猿に食わせる。群の中には、一匹「番ザル」とよぶのがいる。高い樹に上り、遠くをみて人がくるのを、見ていない群にしらせる（『熊野物産初志』)。

田辺に出る途中に、秋津の滝というのがある。長持ほどの大きな石が滝の上に横たわって、その石の角から滝水が落ちている。その下の、巌石の上で猿たちが遊んでいるのが多い。それを過ぎると秋津村である(『十津川荘記』)。

釈迦ヶ岳の山中には、白い猿猴がいる。大きさは人間くらいである。その毛は白色、顔面は赤色、人を見ても畏れない。これを逐《お》いはらおうとすると、たちまち敵対する。鳥銃で撃っても銃丸が入らない。それ故、猟師は恐れている。十年か五、六年に一度ぐらい、山中で見かける者がいる。この白猿の傍らには七、八歳ばかりの子供のような猿が数十混じって、雑小な猿猴群をなしている(『吉野郡中物産志』)。

こんな話も書いてある。

熊野、船津村から大台山を越え、紀州の若山(和歌山)には四日で出られる(本道は六、七日を要す)。往年、船津の者が大台を越え若山へ出ようと秀ヶ峯の麓を登りかけると、道の傍らに大きな白猿が大人の座ったように巌に腰をうちかけてにらんでいた。この様子を見て帰ってきたという(『大台山記』)。

弘化三年(一八四六)十二月、十津川の山中で白猿がとらえられた。大きさは三、四歳の子供のようで、毛の色は白く黄を帯びてすすけたようであった。大台山中の白猿は、高さが人ぐらいで、毛は白く銀のようで顔面は赤色であった。内原の猟師は、釈迦ヶ岳およびその周辺の深山に上半身白色で下半身がふつうの猿のようなのがいるのを見た。また、以前猟にきたときには、首が白く白い毛が頭より前に長く垂れ下がって顔が包まれ隠れていた。首から下はふつうの猿と同じようであった。鉄砲で樹上に追い上げ数発撃ったが死ななかった。足でもって人をさらおうとし、手で木枝を折って投げた。その声は釖《れい》のように地響きをした。その猿は今も山中にいる（『吉野郡中物産志』）と当時のことを書いてある。

こんな話もある。おそらく、明治か大正の頃かもしれない数十年前とある。十津川村との境の笠捨道に七、八歳の子供ぐらいもある白猿が出没していた。石をぶっつけても逃げず、鉄砲もきかず、撃ったこちらの方の命がないといって気味悪がったという。葛川で、この猿を撃ってひどい目にあったという人が、二人いたという（『下北山村史』）。

「紅猴」

天保十二年（一八四一）丑十二月、北山山中で猿猴をとった。毛色が紅褐であって赤狗の毛色よりも赤かった。『四民便覧』に国土産紅猿猴が載っている（『吉野郡中物産志』）。

「ヒトツザル」

釈迦ヶ岳の山中にいる。

猿猴をみると、これをとって食う。故に猿がヒトツザルを見つけると、遠くに逃げ去ってゆく。人を見ると、すぐに敵対する。それ故、猟師はこれを見つけると、密かに樹間や岩陰に隠れる。

天川の栃尾の奥、迫川山の奥の神産寺にもいる（『吉野郡中物産志』）。

「オオカミ、狼」

山中に多い。十津川の西伯母子嶺や水嶺辺に殊におびただしい。病狼は早春の頃、ときたま人に害をする。向こうから来て人を噛むことはない。思いがけない草むらの内で出会う。どこをきめるということもなく喰う。菅小屋の人がいうには、病狼の難から逃れようと思えば、山中で高い声をだしてはいけない。静かに歩かねばならぬ。もし高声をすると、病狼がその声をしたってきて、直ちに人を噛む。山中では人にかぎらず古木でも、自分が苦しいから噛みつく。

病狼は、春の木の芽の出る頃にでてくるが、苗代が青く出れば、病もさるものである（『十津川荘記』）。

また、つぎの記録がある。

泉州泉南郡葛城山麓塔原（大阪府岸和田市塔原）の人がいうている。

狼は、前足が筒のようで肱節があるけれども折れ屈まない。鹿や狗は異なっている。故に、鹿を追って下ることはなしやすいけれども、山上に追上ることが遅いから、鹿は山を登り走り去って取ることができないのである。

和州十津川内原の人がいう。狼は、鹿を追うのに、三、四疋で追う。先に廻るもの、後からくるものあり、また近道をして直に鹿の喉を噛むものがいる。鹿は、ただ角ですくい防ぐ。しかし狼はこれを除くことが速やかである。後からくる狼は、鹿の陰嚢を咬む。このようにすれば、鹿は哀れな声をだして仆れる。直ちに多くの狼がきて四足を噛み切る。山林に隠れて行うこと、はなはだ速やかである……」（『紀南六郡志』）。

「ヤマイヌ（豺）」

熊野では、豺狼が人を害することが少なくない。大辺路・長柄坂にはきわめて多い。ときどき、イノシシやシカをたおして、その死体を半ば断ちさっているが、鋭い刀できったようにみえるほどである（『熊野物産初志』）。

また、つぎの記録がある。

豺は夜に山中の路傍に出る。人の通る時は、蹲居《そんきょ》して道を去る。時には山中から出て、夜に人を送ることがある。これを送りオホカミという。家に帰り、水盤に水を入れて足をすすぎ、その水を外に棄てるとたちまち去る。昼は山中に隠れて、人に形を見せないのである。人がオホカミを見守っていると、その所を去らない。外に眼をかわすと、再び形を見ない（中略）山で群を見るものもある。これを四疋づれという…」（『紀南六郡志』）。

翠山は、『本朝食鑑』には「豺狼を以て一物となす」としているけれども、考えてみるとそうではなく、「豺は山イヌ、狼はオホカミ」であって、それぞれ別種であると理解している（古名は於保加美、今名はオホカミ『古名録』）。

オオカミとヤマイヌの区別は、まことに微妙であるようだ。

「異獣《いじゅう》」

山中でトラのような獣に出あった話である。

和州栗平（十津川荘内原村枝郷、釈迦岳西南麓）の杣人がいうには、天保二年（一八三二）、熊野下川村の奥、箕ノ尾谷の山中で材木を伐っていた。山に入っていたのは三組であった。はじめて、この地にきたときに異獣がでた。土地の人は山猫というけれども、人を害しない。その後、杣人の親方が、そで木を伐っていたところへ「ニク」を追ってきた獣がいた。その体像をみて病気になり、すでに末期におよんで、その見た獣の状態を語って死んだという。

大きさは三、四歳の牛ほどで、尾の長さは一丈ばかり、頭や身体は猫に似て黄色に黒斑があるのは虎紋のようであった。眼の光は人を射るようで、仰いで見ることもできなかった（『熊野物産初志』）。

「山女」

翠山は、獣類の中に、「山女《ヤマオンナ》」をいれている。かれは、山女を人類ではなく、やはりサルや熊などと同じように、獣の一種としているのである。

以上、奥吉野にすんでいたと考えられる動物を江戸期の記録から拾ってみたが、『物産志』には記載もれと考えられる種類もある。たとえば、ヲソ（カワウソ）。『熊野物産初志』には、「ヲソ」とのみ記している。しかし、昔は川を筏で下ると、いくらもいたそうである。冬頃、川へ行くと、よく魚を食い荒らした跡や、魚の骨が混じった糞をみかけたものだという（『下北山村史』)。川上村の古老の話によると、昭和十五、六年ころからいなくなったという(『川上村史』)。ニホンオオカミやカワウソは、すでに絶滅種になってしまったようである。

「参考資料」
一、畔田翠山『和州吉野郡中物産志』下、天理図書館蔵
二、岸田日出男編『大和の天の川』増補　五八～五九頁　天川村観光協会　昭和五四年
三、『天川村史』奈良県吉野郡天川村　昭和五八年
四、岸田定雄『大和のことば―民俗と方言―』五三～五六頁　現創新書　昭和五八年
五、植村左平次「大和国採薬記」『奈良県薬業史』一三四頁　昭和六三年

八　幻のツチノコ——オノコロヅチは生きている！

最近、自然環境の変化などによるらしい動植物の絶滅が、時折話題になる。林道建設などによる自然林の破壊、環境水の汚染、酸性雨など要因はいろいろ重なっているらしい。一方、絶滅したとされていたのが、なお生存しているらしい話も聞く。ニホンカワウソやツチノコも、注目の動物である。昔は洞川にカワウソもいたという。また、ツチノコは、今も生きているらしい。

懸賞金つきでツチノコ探しが、村興しに一役かったというトピックもある。洞川で、「オノコロヅチ」と言っているのは、多分ツチノコに該当する蛇である。山中で出あってびっくりした噂もある。幻の怪物ツチノコは、生存しているだろうか？

一、洞川や近村での実見談

弟の伊直が、小さい頃母親が「向かい峯では、オノコロヅチがおってこわいで、太いのがモクレモクレ（転がり）しながら、追イヤルイテクルからこわいで」と聞かされたと言う。同じ話を孫の司君もきいたらしい。

西村某氏（平成六年七〇歳）は、「捕まえたことはないが、逃げるのは何回も見た。太うて丸こうもみえた」という。

西村さんの話では同級生の安田さんと茶木さんが、千本奥の演習林があった奥へ苗木の植込みにいった時に出逢った。太さ六～七センチほど、真っ黒なクチナワ（蛇）で、人をみても逃げないで、棒杭を投げたところ、返って棒杭に咬みついて、前に行けなかった。首をもちあたげたとき、首の辺りは白かったと、自身の手首で示してくれた。

また、春先にイタンポ（イタドリ）採りに出掛けた橋詰さんも、オノコロヅチを見たらしい。

洞川で聞き合わせしても、ここ数年の間でも三人が確実にみているのである。

これと似た話が近くの村でもある。下北山村でも見た人が何人もいる。(1) 太さの割に短いのが特徴で、上からマクレて（転がり落ちて）来る形が横槌ににている。下北山村の池原では、ツチノコ、上桑原ではノヅチと呼んでいる。小谷では、太さはサイワッパ（おかずを入れる曲物の弁当箱）ほどであったという。浦向でワラビ採りに行った娘さんが太く短いぬめぬめした大きなナメクジのような蛇を見て逃げ帰ってきたという。

野迫川村でも何人も見た話がある。(2) ワラビ採りに行って黒い頭に胴体が太いのがコロンコロンと下向いてまくれてきたとか、また下草刈りに行って、短い太い胴体に尾の切れたものがまくれてきたので逃げ帰ったという。

ツチンコの脱皮した皮を実際に見た話によると、長さ二尺五寸、胴まわり一尺くらいで、尾の長さ三寸くらいであったとか。この村の話では、横にまくれてきてかぶりつくが、栗の柄で作った鎌で叩くとよくきくので、草刈り鎌は全部栗の柄で作るという。

十津川の樫原の山での話がある。[3] ツチノコは丸くなって突然転がって襲ってきてかぶりつく。牛もひっくり返ったそうである。また小井というところに、ものすごい大きな蛇が居て、みたものは皆死ぬというのでおそれたそうである。

大塔村の聞き書き[4]には「ノヅチともいう。頭も尻もないような蛇で上へでも下へでもつえて(ころがって)ゆくという。これにあたると人が死ぬ。そのいる場所はきまっていたという。今は見かけない」とある。

二、昔のクチナワ話

江戸期の昔、奥吉野などの村里や山中では、どのような種類の蛇類が棲んでいたのだろうか。畔田翠山の『吉野郡中物産志』下には、「虫類」の項目に「蛇」として「ウハバミ　所々山中にあり、蝮《はみ》」の記録だけである。[5] しかし、翠山の師である本草学者小原桃洞(一七四六〜一八二四)の『桃洞遺筆』(天保四年、一八三三)には、「野槌《のづち》」が記録されている。この本は、桃洞の遺稿を孫の小原良直が整理したものである。[6]

「野槌　吉野・熊野の奥等に産す。長さ二尺余。頭尾均して(頭も尾も同じ太さ)、尾尖らず。

槌の柄なきが如し。全身は蝮蛇の如く、口は大にして、能く人を噛む。甚だ毒が有る。」とある。

翠山は、自分の師の説ではあるが桃洞の「野槌」に反論している。その理由をあげてみる。

まず、『本草綱目啓蒙』に、「コクチバミ、クソヘビ、クソクチナワ　蝮蛇の類なり。形小さくして黒斑なく、土と同色にして毒尤も甚し。人これを畏れる。また、筑前に、カウガイヒラクチ、一名三寸ヒラクチと呼ぶ者あり。長さ四五寸にすぎずして首尾一般の大きさなり。毒尤も甚しと言う。亦クソヘビの属なり。」とある。(7)

また『嶺南雑記』に、冬瓜蛇は大さ柱の如くにして二尺余どまり、人をさして死にいたらしむとある。

翠山は、桃洞先生の説は、先の『本草綱目啓蒙』にあるクソヘビと『嶺南雑記』との両説を混ぜ合わせたものだとして人をたぶらかすというのである。

翠山は、「形は小さくして、黒斑がなく土と同色にして毒が尤も甚しい。長さは四五寸に過ぎず、首も尾も一般の大きさなりと言う。ノヅチは、其の形が槌子の如くである。即ちクソヘビが此である」と解説している。

また、江戸期の『和漢三才図会』では、吉野山中にいる蛇の属として柄のない槌形をいうと説いている。

「深山、木の穴の中にこれあり。大なるもの径五寸、長さ三尺。頭尾均等にして尾尖らず。槌の柄なきものに似たり。故に俗に呼びて野槌と名づく。和州吉野山中の菜摘川、清明の滝のあたり往々これを見る。その口大にして人の脚を噛む。坂より走り下ることはなはだ速く、人を逐う。ただし、登行はきわめて遅し。故にもしこれに逢えば、すなわち急に登るべし。逐《お》い着くことあたわず」。清明の滝は吉野町から川上村へ下る辺りであろうか。

南方熊楠氏も、紀州の田辺の辺で「ノーヅツ」というのは、頭が体に直角をなしているのが、丁度槌のようで急に落ち下って人を咬むという。これは蛇が鎌首をもちあげた状態が、餅をつく杵のように柄が直角についているのを指している。

翠山の『野山草木志』は、高野山領の物産志とも見られる書物である。それにはツチノコと言うよりも、その親らしい大蛇の「野槌」の実話があった(8)。

「文政六年(一八二三)正月中旬のことである。高野領の在田郡上梁瀬村の山中に奇異な蛇が出てきたがよく動くことができなかった。人が尋ね来て、鉄炮を以って撃ち斃した後に土中に埋めた。其の蛇の大きさは、胴は五尺廻り、長さは三間。その背は黒褐色であって、巨きな松の樹が臥ている如くで、腹に鱗甲があり、黒色で青を帯びていた。頭も尾も身より細くて、土人が野槌と世間で評しているものが此れであろう。」

三、ツチノコの呼び名

「ツチノコ」の呼び名であるが、地方によっていろいろある。『秋田ノヅチ物語』の中に数多く紹介されているので(9)、引用しておこう。

ツチノコ・ツチ・ノヅチ・ワラヅチ・ヨコヅチ・キネノコ（杵の子）・キネヘビ・ツチコロ・ツチコロビ・ドテンコ・トッテンコロガン・スキノトコ（鋤の床―丸太の意味）・五八寸（体調八寸、身幅五寸）・三寸ヘビ・尺八ヘビ（楽器の尺八になどらえて）・五十歩ヘビ（咬まれると五十歩逃げ走るうちに毒死する意味）・トックリヘビ（徳利ヘビ）・タワラヘビ・ツツマヌシ（筒まむし）・コウガイヒラクチ・コロ・タンコロ・コロガリなど二十種以上になっている。

江戸期の『大和本草』などにある「クソヘビ」も方言の一種だろう。

さて、今までのところ、形が槌に似ているから「ツチノコ」あるいは「ノヅチ」と呼ばれているようであるが、「ツチノコ（槌の子）」というのは「野槌」の子供という意味なのだろうか。

語源については、もっと古い説から別の考えもある。

『古事記伝』五、『和名抄』には水神または蛟《みづち》を和名で美豆知《みづち》という。豆は之に通じ、知は尊称であって、ミヅチは俗に水の主《ぬし》または蛇の主という。すなわち、水の主はミヅチであり、野の主はノヅチであるという。南方熊楠氏は、ミヅチもノヅチも、いずれも古代からいた大蛇で、水に棲むものと野に棲むものによって、その主とした名であろうという。

四、ツチノコの概要

ここで、洞川や近村における「ツチノコ」の観察体験談、さらに江戸期の話を要約すると、どうやら形や大きさから二型に分けられるように思う。

まず、引合いにだされるのが、ビール瓶あるいは横槌（わらを叩いたり、薪を割るときにこれで鉈や斧を打ち込む）型である。ビール瓶ほどの太さのズングリ型で、頭も尾も同じ太さで、横に転がりながら落ちて（飛んで）くる。尾がないという人と、小指ほどの小さい尾があると言う人がいる。左図は野迫川の古老が記憶をたどっては書かれたものである。速さは兎ほどという人もいる。『秋田ノヅチ物語』の「槌ノ子印象図」は下である。それを見ると、野迫川村の古老が記憶を辿って画いたという絵と、全く形態上からは見事に一致しているのにはおどろいた。古老の画いた素朴な上の図に肉付けをすると、全く不思議にぴったりするのは、その記憶の確かさか、それとも偶然の一致であろうか。

「ツチノコ」に尾があるかということであるが、やはり尾があると考えるべきだろう。ヘビもトカゲも爬虫類には必ず尾があるから、たとえ退化したとしても細い尻尾があっても不思議ではない。むしろあるのが当然ではなかろうか。

次は、二尺ほどもある長いクチナワ型である。例えば、長さ二尺五寸、胴廻り一尺くらい尾の長さ二寸くらい（野迫川村）、洞川の太さ六〜七センチというのは、菜ワッパ程度の太さとみな

ツチノコの図

してよい。

江戸期の話も、近年に於ける体験談と同様に、四五寸のズングリ、ビール瓶の太さの横槌型と、二尺ほど長い蛇型に相当するとみなしてよいように思う。

運動は、ヅングリ型はコロンコロンと下向いてまくれてくると、転げてくるのはかなり速いらしい。「かぶりつく」とあり、マムシより強い猛毒があるように述べているが、実際にかみつかれた話はどうも見あたらない。

おそらく、春先ワラビ採り時期は、まだヅングリした横槌型であるが、成長すると太いクチナワ型になるのではなかろうか。発見した脱皮した皮の長さが、二尺五寸とあることは、これが成長した大きさであると思われる。それとも、ヅングリ型とクチナワ型は、それぞれ別種であろうか。

南方熊楠氏は、野槌として述べている型はつぎのようである。(10)

一、モグラモチほどの小獣で悪臭がある。

二、長さ五、六尺で面桶ほどの太さで、頭が体に直角についている。丁度、槌に柄がついた状態。あるいは長さが二尺ほど短大で、ぼうふりあるいは十手を振り回すように転がりおちてくる。

三、短い大木のような蛇で、大砲を放下するようだから野大砲（ノオオヅツ）と呼ぶ由。

この二にも、二型が含まれている。

なおまた、「槌」の形にも三説がある。まず、いわゆる藁打ち用の槌に似るというのは、ビール瓶のようなタイプ。

大峯山系には大蛇に出逢った体験談や伝説も多い。

『下北山村史』には、「池原のコシオの大蛇も、ツチノコだったかもしれぬという。また不動のハタの大蛇というのもそれらしい。大きな蛇が大きな物を呑んだのにぶつかったのだろう」と云う人もいる。

ツチノコは実在するとしても、実際に蛇の種類か、それとも獣か、必ずしも決定しているわけではないようである。

南方熊楠氏は、つぎのように推論している(11)。

一、熊野の山人から聞いたのでは、野槌というのはモグラモチの様な小さい獣で悪臭があるという。ツチノコの形や転がりながら落ちてくる状況は、地中から飛び出した「オンゴロモチ（モグラ）」と推定しても、特に矛盾を感じないようにも思うという。

二、ある種の蛇が、病にかかり、人間の象皮病のような奇形になったとも考えられるという。

三、無脚蜥蜴《とかげ》の一群には、身体が短く、尾の先も頭と同じように太いものがいるらしい。野槌というのもあるいは、この無脚トカゲの頭と尾が後にちぎれ去った形のようなのではないか、こんなものがいないとはかぎらない。

ともあれ、最近のツチノコ論議では、ズングリ型の蛇であるというのが主流である。ビール瓶のようなツチノコは、やはり今でも日本各地の山林や原野で春の日をあびながらゆっくりとヒナタボッコ（日向ぼっこ）をしているかもしれない。突然の侵入者にびっくりして、すばやく転がりながら逃げ去ってゆくのだろう。探し求めても、ひょっこり顔を出すほど間抜けではないだろう。今は、昔のように頻繁に山に入らないから、出あうチャンスも極めて少ない。生存していても、「ツチノコ探し」と大勢で押しかければ、ツチノコだって隠れてしまう。その上、山林を踏み荒らされる被害を考えると、うっかり見つけたと言へないとは影の声である。

註

（1）『下北山村史』九七九、九八〇頁　下北山村役場
（2）『野迫川村史』六九八、七〇〇頁　野迫川村役場
（3）稲垣幸子編『十津川むかし語り』四海書房一九九四
（4）『吉野西奥民俗採訪録』（宮本常一著作集　三四）三七八頁　一九八九
（5）畔田翠山『和州吉野郡中物産志』下　天理図書館蔵
（6）『桃洞遺筆』江戸科学古典叢書二八　恒和出版　昭和五五年
（7）小野蘭山『本草綱目啓蒙』平凡社
（8）畔田翠山『野山草木志』下　天理図書館蔵
（9）太田雄治「秋田ノヅチ物語、幻のヘビを追跡する」『歴史読本』

昭和四八年六月号　一〇四～一〇九頁
(10)『南方熊楠全集』一巻、一九一～三頁　昭和四六年
(11)『南方熊楠全集』二巻、八七～九〇頁　昭和四六年

Ⅱ　大峯山にまつわる昔と今の秘話と悲話

九　理源大師の金の眼――盗まれた銅像の目玉

「六根清浄・六根清浄」と唱えながら、大峯山にお詣りをする人々を迎えるように、不動明王の立像が安置されていることが多い。洞辻茶屋の不動様は「迎えの不動」というとか、路傍に、行場の岩の上に、あるいは茶店の一隅に、不動明王だけではない。

役行者のお像も、お寺はもちろん、大峯山の道中や行場などに多く祀られている。

大峯山の中興の祖と敬われる聖宝理源大師の像は以外と少ない。もちろん、大峯山寺や洞川竜泉寺の本堂や境内にも祀られている。変わったところでは釈迦ケ岳頂上の釈迦如来像の台座に「理源大師」と彫られ、浮き彫りのような大師像がある。しかし、もっとも古くから知られている大きな座像が、弥山の胸付き八丁と呼ばれる急坂の手前には、七十五靡《なびき》「聖宝の宿」にある。ここを少し横に入ったところに、等身大の理源大師の座像が安置されている。石を積み上げた高い台座の上に、額に唐金《ときん》をつけ袈裟を懸けたふくよかな顔の像である。

いつ頃の鋳造か知らないが、先年弥山に登った際に像の裏に「松尾寺云々」とあり、多分幕末の頃の作ではなかったかと思うが、詳しいことは忘れてしまった。ここは、また「講婆世の宿」とも呼ばれた宿所であるが、こんな話が伝わっている。

（一）講婆世の宿の由来

昔、大変苦労をして大峯山や葛城山などで修行をした講婆世というお坊さんがいた。今、唐金の理源大師像があるが、中興までは講婆世僧正の廟があり、木像が祀られていたが、御串や手足もこけて朽ち失せてしまった。

お坊さんは飛騨の国の大徳であった。何時の御代であったか、僧正号を願われていた。しかし、僧正という高い位は、品物のように容易に授けられるものではない。お坊さんは、僧正の号を欲しいと思い、自身で当然僧正と思い込むようになってしまった。しかし、その種姓が良くないというので僧正号が下らなかった。いつまで経っても、朝廷からお沙汰がない。思いあまったお坊さんは、これを憤って天皇を呪咀して祈った。長い修行をして鍛えてきた呪力に、この坊さんには、やはり呪力の験が著しかったようである。そのために、天皇は重い病気にかかられてしまった。病床に伏せる天皇の身を案じて、多くの名医が集められ、また貴重な薬草を煎じて服用なされたが、いっこうに回復の気配がなかった。

そこで、朝廷では、天皇のお悩みが甚しくなったので、博士をたてて占せ給うたところ、大峯の講婆世に籠もって居る僧が、天皇を呪咀しているに違いないという。かねてから、贈位を願っていたにもかかわらず、とめおかれていたことが判明した。早速、大峯の講婆世にむかって勅使を立て、その坊さんに講婆世大僧正という勅許があって、それからは、講婆世僧正と号した。

しかし、一旦天皇を恨んでいた自分の罪を憂いて世間とは交わらず、講婆世において捨身したのであった。名を講婆世と云ったので、この地に「講婆世宿」として今に名が遺っている。

ここは、大峯四十二宿の一つであって、奥駈の修行者は、講婆世僧正の御弟子に参りましたと三遍ずつ唱えて通り、また、金剛童子を八丁の金剛童子というのは大きな誤りで、本名は八葉の金剛童子であり、これから弥山の登りを八丁坂というけれども、本名は八葉坂というのであるという（『大峯細見記』）。

（二）盗まれた金の眼

ここの理源大師像について、奇妙な話が伝わっている。時代はいつ頃かはっきりしないが、おそらく山上詣り、奥駈も盛んになって、各地の講社から団体で登山するようになった江戸時代の中頃かもしれない。

畿内一体、摂津、山城、播州、紀州などと諸国から山上詣りをする。江州は米所で、豊作祈願の百姓たちが団体で山上詣りする。その江州のお先達が、ある年日頃鋳掛けをしている男が一度山上詣りをしたいというので、弥山まで連れて登った。

山上の坊泊まりから小篠、普賢と行者還を経て、ようやく「聖宝の宿」まで辿り着いたころは、大分日も傾いていた。その時、ピカリと光った輝きにおどろいた連れの男は、そこに聖宝理源大師様のお像を見付けたのであった。

大師様の眼は、黄金色に輝いていた。お先達から、大師様の眼も、また履き物の下駄の緒も本物の金であることを教えられてびっくりしてしまった。胸付き八丁の急な坂を登りながら、その男は苦しさよりも、今見てきた大師様の金の眼のことでいっぱいであった。

さて、大峯山山上詣りをすませて村に帰ったこの男は、大師の眼の輝きがどうしても忘れられなかった。その上、思うように仕事もないので、暮らしも楽ではない。あれこれ考えあぐんだ末、弥山の大師様の眼を盗もうと思いついた。眼も下駄の緒も純金である。

仕事がら鋳掛けはお手の物。男は、いろいろ調べたうえで、大峯山の戸もしまって誰も山にのぼらない秋になって、弥山を目指した。

弁当代わりに乾燥した飯に、フイゴも背負った。苦しい山路であったが、欲の深い男には、金のことで頭がいっぱいであった。

ようやくにして辿り着いた「聖宝の宿」で、男は慎重に仕事にかかった。どのようにして目玉から金を抜き取ったか、とにかくあれこれ工夫しながら鼻緒からも金を剥がし取った。男は、すでにいくらで売れるか胸算用しながらほくそ笑んでいた。

すでに気はせいていた。男は、山上から吉野へ下ることにした。背にしたフイゴの重さも気にならず、抜き取った金は、しっかりと風呂敷に包み込んで腹に巻いた。気もそぞろであった。

帰りは急ぎ足で、いつの間にか山上の蔵王堂に辿り着いた。戸の閉まった本堂に向かって、手を合わせたが、やはり後ろめたい思いであった。

西の覗きを通り過ぎる頃から、腹がしくしくし出してきた。足も重くなってきた。鐘掛行場を下る頃は、尻のあたりが変になってきた。ようやくにして降りてきたが物苦しさはますばかり。とうとう、背にしたフイゴをわらじ原から放り投げてしまった。

腹に巻いた金を包んだ風呂敷だけはしっかりと押さえていた。尻の辺りが、何だか重くなり、腹はますます痛くなってきた。堪りかねた男は、鞍懸けの岩場で動けなくなってしまった。脱腸してしまった腹には、風呂敷が食い込んで、ずっしりと重い。フラフラになった男は、いつの間にか、腹帯も解いていた。

何が何だか、わからなくなった男は、這うようにして愛染にたどりついた。もう欲も徳も無くなってしまっていた。清水を口にした男は、ようやく生き返ったような気持ちになった。

後日、どうしたことか、遂に聖宝理源大師の眼から金が抜き取られたことがわかった。しかも、江州の者と判明したので、大峯山の役講では、江州からの山上詣りを七代にわたって禁止したという。

この話は、畔田翠山の『山上岳記』(一八四七)にあるが、この話よりも前の『金谷上人行状記』にも、盗まれたらしい金の目のお像の話がある。文化六年(一八〇九)のことだから、事実は、さらにさかのぼるだろう。話の筋は、次のようである。

金谷上人が、三宝院門跡の大峯登山に随行したときのことである。奥駈をして山上から弥山に泊まったときの話である。次のように書いてある。

聖宝の宿、七ッ池、八丁坂等々を越えて、弥山の宿に御到着。八丁坂というが、じつは十五丁もあるべく、険難言語に絶した。

ここの御堂は新建築で、金銅の尊像が据えられていたが、その御目の黄金をだれか盗んだとかで、アキメクラ然《ぜん》たるうつろの両眼。無残さいいようもなかった。見事な金灯籠もあったというが、今は散々に壊れて見る影もない。こういう深山や秘処にまで盗賊の手が及ぶとは、まこと末世を目のあたりにするおもいだった。

この尊像というのが、聖宝理源大師であったのだろうか（横井金谷著、藤森成吉訳『金谷上人行状記』一二九頁　東洋文庫　平凡社　昭和四〇年）。

（お亀石《かめいし》の奥眼《おくめ》行者）

金の眼にちなんで、母から聞いた大峯行場「お亀石」にある奥眼行者の話を添えておく。

まだ、小さい少年の頃、眼の落ち込んだある男の人を「奥眼行者」とあだ名していった。こんな訳である。表行場のお亀石の登り口辺りに、役行者の石像がある。この行者の目は深く落ち込んだような眼をしているという。昔、この行者が建立された当初は、眼には純金の眼がはめ込まれていたという。ところが、いつの頃か、何者かの手によって金が抜かれてしまった。そのために、眼が深く掘られたように見えるので、誰がいうとなく「奥眼行者」と呼ばれるようになったそうである。

それが、何時しか奥眼の人をさす隠語のようになってしまったのである。

これは、聞いたままを記したので、真偽のほどは知らないが、母はこんな話をよく知っていたようである。金に関して、ついでに「金の蔓石」の話を引用しておこう。

山上川をさかのぼると、母公堂の近く、赤井五代松鍾乳洞の上手に雅滝《がたき》がある（戦後に、なぜか、カジカの滝と改名された）。

この下手に、金の蔓石と呼ばれるところがあり、その付近から金が出るというのである。

そこで、金の採掘を幕府に申請した。時は、田沼意次の時代であった。ところが、聖護院では金剛蔵王権現の祟りがあるといって許可をしなかったそうである。大峯山系には、金の鉱脈があるのか、金があると記録されている地点がある。笙の岩屋にも生金が出るという（『和州吉野郡名山図志』）。

また、大峯山奥駈の靡でもある「古屋の宿」は、金鉱採掘の役人が派遣された奉行所の屋敷跡であるという。四十二宿の第三六「古屋の宿」については、

「葛川村から玉置山へ登るには二里余、登るとよい平らな処がある。その辺に小池がある。ま

た宿地は数多ある。昔、聖宝僧正が醍醐天皇の勅命によって、大峯の金を掘出し給うた処が四ケ所ある。第一には、生津山・紫雲山・中奥・玉置山の四ケ所であって金を掘り給う。時の帝から、奉行として平井丹波守、神戸左京之允という両人を添えて差し出され、この役屋敷を立てられた処の跡という。

この話は、「大峯四十二宿」『大峯細見記』にある(4)。

（落ちてしまったガラスの眼）

ところで、聖宝理源大師の目については、昭和初期に起きたこんな話がある。

丁度、登山ブームの始まりとも言う頃であった。毎日新聞の記者、北尾鐐之助氏の一行が奥駈をした時の出来事である。一行は、まず洞川で案内人を雇った。

そのころ、奥駈案内の資格があったのは、三人で福本米吉・鳥谷角蔵・大西久吉で、年株の米吉は無口であったが山に詳しく、愛想の良いので喜ばれるのが角蔵、頑健で山のできごとに適当なのが久吉であった。

行者還にテントを張って、翌日は弥山にむかった。「聖宝さん」についたのは、午後の一時半ちかくであった。等身大の青銅作りので、後ろには「元禄五年七月大和松尾寺」の文字がある。

一行中の一人が、像座の上にあがってみると、大師の目玉は、光にかがやいていた。水晶かガラスか、透き通った材質でつくられているのに、興味をかんじて、「ガラスだろうかと」といいながら目に手をふれた瞬間、はずれてしまって、銅像の胎内ふかく落ちてしまった。サア、困ってしまった。いくら探しても見つからない。

中でも、一番に心配をしたのは、米吉であった。

大師様の像には、決して手を触れてはいけないと言い伝えられていたのである。ところが、殊もあろうに、眼球を無くしてしまったことになる。昔から、お像に手をふれると山が荒れると誡められていた。

いくら探しても見つからない。元禄五年〜大正四年まで風雨にさらされ尊像の五体は崩れんばかり。

これを観ると、翠山の話の後に、金が盗まれた後にガラスの目をはめたのだろうが、それがとれやすくなっていたのかもし知れない。

聖宝理源大師像

この聖宝理源大師像から弥山へは、胸着き八丁といわれている難路である。はじめて登ったときは、少し歩いては立ち止まって休み、これをくり返してやっと頂上に着いたのであったが、頂上は意外にも平地であったのには、一寸意外な気がした。

弥山は、修験者が、小篠や深仙と同じように籠もって修行した宿であった。現在に於いても、大峯奥駈の丁度中間に位置する重要な宿泊施設である。

「参考文献」
(1) 畔田翠山『山上岳記』天理図書館蔵
(2) 北尾鐐之助『日本山岳巡礼』創元社 昭和二年
(3) 横井金谷著、藤森成吉訳『金谷上人行状記』一二九頁 東洋文庫 平凡社 昭和四〇年
(4) 銭谷武平『大峯こぼれ話』一七九頁 東方出版 一九九七年

十　往《い》のうと鳴る鐘――鐘掛行場の由縁

大峯山へは、子供の頃から、自家の陀羅助の出店があったのでよく登った。何回登ったかわからない。先年、何十年ぶりかで登ったが、道中でも行場付近においてもかなり変わっているのに気がついた。また、子供の頃に、いろいろと聞かされた当時の面白い話は覚えている。

頂上にある大峯山寺の本堂には、沢山の扁額が掲げられていた。その一つに木彫の馬が添えられていた。左甚五郎が彫った馬という。夜になると飛び出し、お花畑の草を食ってしまうので、足を一本折ってあるというのである。なるほど、そうなっていた。

また、薄暗い本堂の左側に、大きな古めかしい釣鐘が吊りさげられていた。この鐘を突くと「イノウ!イノウ!!」(往《い》のう――帰ろう、帰ろう)と泣くので、鐘付き棒はつけていないと教えられ、子供心にも、納得していたように思う。

大峯山頂上にある本堂は、高山には珍しい大きい木造建造物で、重要文化財に指定され、昭和六〇年改修工事がおこなわれ、その際に、黄金の仏像が発見されて大きな話題になった。子供の頃を、思いだし、あの古風な大きな梵鐘が、しきりに気になりだしたのである。

一、大峯の鐘をめぐる民話

まず、この本堂の釣鐘をめぐって、つぎのような物語(1)が伝わっている。

(その一)

昔むかし、遠州の国、佐野郡田原村に長福寺というお寺があった。この門前に山伏が住んでいたが、貧しいので「峯入り」することができないので嘆いていた。ある日、思い詰めたあげくに、遥かに役行者の教えをうけて、孔雀明王の呪法を持してきたが、深山幽谷に登り修行をすることこそ、これが本意であると決心をした。

山伏は、頭巾、鈴掛、金剛杖、刺高《いらたか》数珠を取り出して、妻子に別れをつげて家をでたのであった。妻も夫が峯入りするのを大変によろこんでおくりだしたのであった。しかし、山伏は正式の旅装することもできず、着のみ着のままで人の家の前で経を唱え一銭を乞いつつ旅の費用にすることにした。ところが、妻や子供を飢えさせ泣かせながら「峯入り」しても、何の功徳があろうか、恥知らずの山伏とそしる村人がいたのであった。

山伏は、これを聞いて、恥知らずとは何ということか、古着のままで旅立ちするのを恥というけれども、自分にはとてもできそうではない。しかし、峯入りしないことこそが恥であるのだというのも理があった。山伏は、長福寺にお参りして和尚様に、峯入りすることを話したところ、老僧は大変に感心して、調度をととのえ、また路用にと、費用をあたえてくれた。山伏は、夢かとばかりに喜びいさんで峯入りをしたのであった。幾日もたって下山してきた山伏は、老僧にお礼をしてから、村中に執行のお札を配ったのであった。

それ以来、老僧は毎年、この奇特な山伏に「峯入り」の手当を与えていたのであった。ところが、八十余歳にもなった老僧も、ついに入滅なされた。山伏は大変に悲しんだ。弟子の僧が後をつぐことになった。

山伏は、峯入りの時期になったので、この僧を訪ねて手当のお願いをしたのであった。ところが、この僧は、慈善の心もなくずるがしこい男で、今はこの寺には、金というものは釣り鐘の外にはない。もし、それでも用にたつのであれば、勝手に持って行けとあざ笑った。山伏は、おおいに腹を立てて、帰りがけに鐘堂に吊り下がっている鐘を見て、自分に力があれば、このままにはしておくまいにと悔しがった。僧はこれを聞いて、おおいに笑い、さても大馬鹿者がと、行者の力にはおよぶまい、勝手次第に持って行けとそしったのであった。

山伏は我が家に帰ってから僧の悪口が悔しくて、腹を立てながら寝てしまったのであった。あやしい神人が現れて、お前は今年の「峯入り」の心配をしなくても同行するからと告げられて、夢からさめた。山伏は、不思議な夢よとばかりに奇異な思いにふけっていた。

その時、表の戸をはげしく叩く音がするので、何事かと起き出してみると、村の百姓であった。今朝、寺の下男が七つの鐘を突こうと鐘楼に行ってみると鐘がないので村中は大騒ぎであるという。昨日、和尚が、あなたに向かって、行者をそしったので、これは行者様のおとがめの罰であるから、急いで詫びてきてくれるように頼まれてきたという。あとから和尚もきて、昨日の暴言を謝った。先の亡くなられた和尚様の時と同じように手当を差し出すから、どうか詫びのご祈祷をして下されと、ひたすら頼み込んだのであった。

山伏も、これを承知して、あなた自身も峯入りして行者様に詫びをしなさいと、山上へ同行させた。そうして、長旅のすえに、ようやく山上ヶ嶽の頂上近くにやってきた。峯は険しい。崖の上をみると、見覚えがある鐘がひっかかっていた。長福寺の和尚は、それをみてびっくり仰天、ここではじめて慳貪《けんどん》の心を捨てて、慈悲の念がおきてきて、天晴れの正僧になられたという。

（その二）

河内長野市の権現堂から行者が持ち去ったという。河内長野市の滝畑地区にある権現堂に昔は鐘があったらしい。その地区に伝わる民話(2)に、こんな話がある。

滝の頭の上に寺の屋敷がありました。おばあさんが寺の番をしていると行者さんが来て、なんぞくれちゅうさかいな、何もないからそこの釣り鐘もっていねゆうたんや。

ほたら行者さんは、錫杖の先に引っかけてその上の山の上に上がって、釣り鐘をおいて、「やれ気楽な」と、水いっぱい飲もうと、錫杖の先で穴ほったら水が出てきたそうな。

その薭、なんぼ日焼けでも水がきれんそうだ。鐘は熊野か吉野かどこやらへいっとるちゅうてな。…………

これは、権現さんを祀ってる権現堂の守をしてたおばあさんの話で、その鐘が大峯山にあるんやとかちゅう話や。

二、重文の梵鐘は静岡、長福寺から

『和州旧跡考』延宝九年（一六八九）には、「山上寺領千十三石」、山上蔵王権現堂に鐘があり、鐘楼もないので、堂の縁にすえてあると記してある。

この梵鐘は、昭和四八年六月二日。重要文化財に指定された。その説明[3]は次のようである。

所在地　大峯山寺

時　代　奈良時代

法　量　総高　一二〇・〇センチメートル

径　六六・五センチメートル

大峯山寺の外陣の右脇前方の間に吊ってある梵鐘で、全形は丈長《たけなが》で口縁部に比較して肩部が急につぼまった形である。乳は一区で六四箇を数える。撞座の位置も高く、竜頭方向に直交しているなど奈良時代の梵鐘の特色を示している。池の間の一区に、「遠江國佐野郡／長福寺鐘／天慶七年六月二日」の刻名（銘）がある。これは

大峯山寺の梵鐘

明らかに追刻銘で、その追刻の意図は不明であるが、数少ない奈良時代の梵鐘の作例として注意すべきものである。

まことに簡潔な解説である。

この梵鐘について、大正十一年の夏に、梵鐘について詳細に調査をされた高田十郎氏の記録(4)を引用し紹介しておきたい。

鐘の形をざっと述べてみる。厚さが二寸、口径が二尺二寸、総高さは分からないが、肩から下では側面に沿うて、およそ三尺一寸弱、鐘座の中心は、裾から一尺強にある。よほど高い方、したがって「草の間」のせいが高い。この鐘座の中心、したがって横帯の中心線の部分が胴の最もふくらんだ所、それ以下は垂直だろうか。すぼりとして、全体の格好が大変ひきしまって見える。駒の爪なども、ほとんどつきでていない。それに、全体の古色がよく、半ば以下は、人の手でなでられるためか、ことにつやつやしているので、一層みごとである。

「けさだすき」その他の線は、みなほそくて、且つ低く鋳出されているので、おとなしくみうけられる。下帯は唐草、上帯は鋸歯がたの波紋の陽刻、そのはばは、上下ほとんど同様で、わずかに一寸内外である。下帯の唐草の鋳出されかたが低いところから、黒板博士などは、支那渡りの品だろうと云って居られたそうである。

鐘座は直径、拓本で三寸九分ばかり、くるみがたの二つずつなる八弁の蓮華紋、房子が大きくて、径二寸五分に及んでいる。

（鐘の音は）、神護寺ほどに無邪気でなく、三井寺の引摺鐘ほどに余韻はなく、栄山寺ほどに放胆ではなく、剣神社ほどに出鱈目でもなく、観禅院ほどに謹厳でもなく、いくらか妙心寺の巧みさを思わせる。珍しいのは形よりも、その位置で、竜頭の向きからみて、左右両即側に一つづつついている。これは、他の例のないことと思われる。竜頭の形も小さくて、よい。乳もふるい。四段四列の十六づつだが、ひくくて、さきは尖り気味な、チマメ型である。

鐘銘には、「遠江国佐野郡原田郷長福寺鐘」とあるから、今の静岡県である。佐野郡原田郷とある。現在は、静岡県富士市富士見台一～七丁目が旧原田村にあたるそうである。天慶七年（九四三）六月二日とあるから、千年以上も昔のことである。

この縁起に関して、『遠江国風土記』によると、つぎのように記録されている。

長福寺本郷ニ在リ。熙庵曰ク、安里之菩提寺也。故ニ安里山ト号ス。寺記曰ク、元慶八甲辰年（九四四）、今大和国吉野郡大峯山上ニ懸カル也。

鐘銘云、遠江国佐野郡原田郷長福寺鐘、天慶七年六月二日。

別記には、奈良県吉野郡天川村、金峯山行者堂所蔵とある。

もともと、原田郷にあったものが、寺の移転によったのか、「長福寺本郷ニ在リ」となっている。この本郷とは、現在の静岡県掛川市大字本郷である。

当時、長福寺は、後の比叡山座主円珍智証大師が住職をしていたが、寺を中興したとあるから貢献者である。ところが、長暦元丑年（一〇三七）に修験者が止宿して、一晩中、大いに議論をしたらしい。そうして鐘を持ち去ったらしい。

鐘掛という行場の名は、この鐘のことからはじまったといわれているが、まことに霊験があらたかなことである。鐘は、本堂の西北の隅で、薄暗いところに懸かっていたが、衝くと「往のう―イナウ」鳴り響くから撞木はつけていないそうである。

三、梵鐘をめぐる謎

この大きな梵鐘は、どのようにして山頂の本堂まで運ばれたのだろうか。山上ケ岳のような高山に、しかも途中には、油こぼし・小鐘掛・鐘掛、さらには西覗のような岩壁の難路がある。

藤原道長は、寛弘四年（一〇〇七）五月十七日、道長は金峯山参詣のために、精進潔斎である百日間の御岳精進《みたけそうじ》に入った。藤原道長の山上詣りについては、自身の『御堂関白記』に詳しく記録されている。それによると、八月二日に京都を出発している。出門してから道中の寺院に参詣して、八日には吉野山の麓の野際に泊まり、翌九日には登山、途中寺祇園に泊まり、十日には、「鎰懸《かぎかけ》をよじ登り」山頂の金照房に一泊して、十一日に蔵王権現で法要・埋経供養をおこなった。

ここで、「鐘懸《かねかけ》」とはなっていない。この岩場の行場には、まだ「鐘懸」という名称は無かったはずである。登るために、岩場が険しいから、当初は先の曲がった鎰《かぎ》を引っかけて登ったので、鎰懸と呼んでいたと思われる。その証拠に、大峯宿所百二十所には、すべて「鎰懸」となっている。七十五靡になってから鐘懸となっているのである。

長暦元年（一〇三七）に、長福寺から鐘が持ち去られたというから、少なくとも、それ以降である。梵鐘がもたらされたのは、道長の金峯参詣の三十余年以降のことになる。梵鐘が本堂に置かれてから、後になって、鐘懸行場と呼ばれるように変わったのであろう。したがって、何時、誰によって、この大梵鐘が山上にもたらされたかが問題である。

表行場の鐘掛行場

まず、梵鐘のような重量物を、しかも海抜二千メートルに近い山頂に持ち上げるには、小人数では不可能である。少なくとも数十人からなる団体の支援なくしては実行できない。このような行動は、少人数の講社では実行することが難しく、大規模な大峯参詣の行事などが関係していると考えられる。

それでは、遠州にあった梵鐘が、なぜに大峯山頂の寺に置かれているのだろう。因縁を説いたむかし話だけでは、真実を理解するには、その根拠がはなはだ不十分のようである。

（その一）

この鐘が、大峯にもたらされた頃は、おそらく僧兵たちによる闘争がさかんな時代であったかもしれない。長元八年（一〇三五）には、園城寺三尾明神の祭に延暦寺の僧徒がきて闘争をしている。園城寺の僧徒が、延暦寺僧正明尊の山上坊舎を焼いている。長暦元年（一〇三七）には、興福寺の僧徒が東大寺の東南院を焼き討ちしている。翌年には、延暦寺の僧徒が、明尊を天台宗の座主とするのを不満として上京している。

おそらく、天台宗の僧兵による暴動がおきた頃で、この事件と何らかの関係がうかがわれる。長福寺から鐘が無くなった時期は、風土記の長暦元年（一〇三七）と考えてよいだろう。

このような、闘争の過程で、僧兵たちが梵鐘をかつぎ打ち鳴らして、志気の高揚や、あるいは合図に利用した可能性はないだろうか。とにかく、このような重量物を運搬できる状況にあった団体としては、宗教団体の以外には、当時としては考えられない。

藤原道長の曽孫師通は、寛治二年（一〇八八）七月に大峯に参詣した。彼は大峯山の蔵王権現を篤く信仰していたので、二五日に鐘掛を登った際にも、蔵王を念じていたので、畏怖感はなかったという。二七日には、蔵王堂の宝前で埋経法要をおこない、願文を添えて経典を埋めた。長寿・子孫繁栄・厄除の願文であった。また、寛治四年（一〇九〇）八月十日にも参詣して、蔵王権現に大般若経と厨子を安置して、参拝した(4)。

この二度にわたる参詣の場合、まず鐘掛にのぼるに恐怖感を持たなかったとしていることは、大峯参詣に際して鐘掛け登頂に危険を予想していたと想像される。

寛治二年（一〇八八）七月の参詣に際しては、おそらく天台の宗徒も警護に一役をかったと思われる。この時に、比叡山に保管されていた鐘が、天台の僧たちによって、彼らの示威と、また行列を盛大にする意味もこめて、担ぎ上げたのではなかろうか。

また、「太政大臣　雅実、長治二年（一一〇五）三月十五日、山上供鐘被入之」。という記録がある。この時に、奉納したという、はたしてどのような鐘であったのか、わからない（『金峯創草記』）。

（その二）

確実に、梵鐘の大峯搬入を伝えているのは、建武の中興における奥州官軍によるとする説である。鐘の奪取について、短い記録が『大和志』「日本輿地通志」畿内之部に見られた[6]。

その「仏刹」金峯山寺の中に、つぎのような記録がみられた。

「山上岳に寺あり。その間山路嶮岨、大天井・小天井の二峯を越えると今宿茶店有り、洞川村に属す。又、大鞍掛、小鞍掛の二坂を歴て、鐘懸岩・西臨岩を過ぎて此所至ると、巍擬一巨刹、華鯨有り。曰わく、鐘銘云、遠江国佐野郡原田郷長福寺鐘、天慶七年六月二日と鋳。相伝える、建武之役、奥州官軍が掠取し此所来る。」

この中で、巨刹というのは大峯山寺であり、華鯨というのは、梵鐘、華のような彫物がある立派な鐘のことである。この鐘が、建武の役（一三三六）、足利尊氏を討つため、奥州の北畠軍が南下し箱根を越え、東海道を駆け上る際に、長福寺から釣鐘を持ち去ったという。これが、事実に近いと、『掛川誌稿』文化二年（一八〇五）には書いてあるが、この記録は、さきの『大和志』によるものである。したがって、長福寺から鐘が無くなったという長暦元年（一〇三七）と建武の役（一三三六）であるという説を、いかに理解するか問題が残されるようである。

このような大きな梵鐘が大峯山頂にもたらされるには、やはり背後には大きな行事か、あるいは事件が関係していると考えられる。したがって、その由来は、やはりどこかに記録として遺されているにちがいない。相伝、建武之役、奥州官軍掠取此所来、というのは確かだろうか、今一つ傍証がほしいものである。

註

（1）玉里仙著『大峯山役行者御一代利生記』松本善助編集兼発行　明治三〇年

（2）「河内長野市教育委員会、滝畑地区の民話」

（3）「天川村文化財保護委員会編『ふるさとの文化遺産―天川村』五二頁　昭和五九年

（4）高田十郎「山上から黒滝」『なら』第二三号　大正十二年

（5）『金峯創草記』『修験道章疏』三、一九四頁　名著出版　昭和六〇年

（6）「日本輿地通志」『大和志・大和志料』二一〇頁　臨川書店　昭和六二年

十一　無くなったか岩屋修行——どこに消えたか川上の岩窟

大峯の奥駈の道中には、いろいろな修行の場所がある。険しい山頂はもちろん、危険な岩場があり、洞窟があり、滝があり池もある。六根清浄を唱えながら、一歩一歩踏みしめのぼる。滝に打たれ水行によって心身を清める。岩屋に入るのは、胎内潜りともいい、生まれ変わりの胎蔵界から金剛界へと再生を意味するのだろう。

大峯山中には、昔から知られた修行の岩屋がいくつかある。おそらく、最も古くから知られているのは笙の窟であろう。平安時代、日蔵が籠もって修行し金剛蔵王菩薩にであい、また西行も有名な歌を詠んでいる。しかし、古典に名をとどめながら、あるいは奥駈の行所とされていたにもかかわらず、いつの間にか消え去り、あるいは忘れ去られた多く岩屋がある。今も、なお探索されている岩屋もある。改めて大峯の岩屋の昔を尋ねてみよう。

一、大峯の岩屋修行

「笙の窟」

笙の窟は七十五靡の六十一番の行場であるが、不思議にも古い大峯百二十宿所にはふくまれてはいない。しかし、はるか奈良時代、日蔵上人が長い間こもって修行し、息も絶えだえになりながら金剛蔵王菩薩に巡り会う話は、よく知られている。その後は、行尊や知名な僧たちが、たびたび籠もり修行している。

寂寞の苔の岩戸のしずけさに
涙の雨のふらぬ日ぞなき　『新古今集』日蔵上人

草の庵なに露けしと思ひけむ
もらぬ岩屋も袖はぬれけり　『金葉集』僧正行尊

また、西行は「みたけよりさうの岩屋へまいりたりけるに、もらぬ岩屋もとありけむ折おもひ出でられて」

露もらぬ岩屋も袖はぬれけると

聞かずばいかにあやしからまし　『山家集』

他に鷲の岩屋、朝日の岩屋も付近にある。百二十宿には、三石岩屋とも言われたようである。現在も、なお時々、籠もって修行する行者もあらわれる。この付近から生金が出たという記録もあるが、ここには、上北山村の天瀬から糧食などの補給がなされていたようである。

「大峯行場の蟷螂・蝙蝠の岩屋」

大峯の一の行場とされる蟷螂《とうろう》の岩屋は蝙蝠《こうもり》の岩屋と共に、山上ケ岳から流れてくる山上川にある洞窟で洞川温泉に近い。温泉は最近、開いたのであるが、この岩屋には、山上詣りが必ず入洞し行をしたのである。

江戸期の絵図には、次のような光景が描かれている。

無事に山から帰ると、子供達をつかまえて、その股ぐらを潜らせるのが儀式のようにもなっていたようである。それをあらわしたものである。

大峯山上ケ岳、いわゆる大峯山に詣ることを「山上詣り」と言って、関西地方で男子一生の成人式にも似たもので、男の子は「山上詣り」をすませないと一人前とは認められなかった。したがって、各村々では、「山上講」「大峯講」あるいは「岩組」「鳥毛組」などの講社をつくって登山するのが年中行事の一つになっていた。

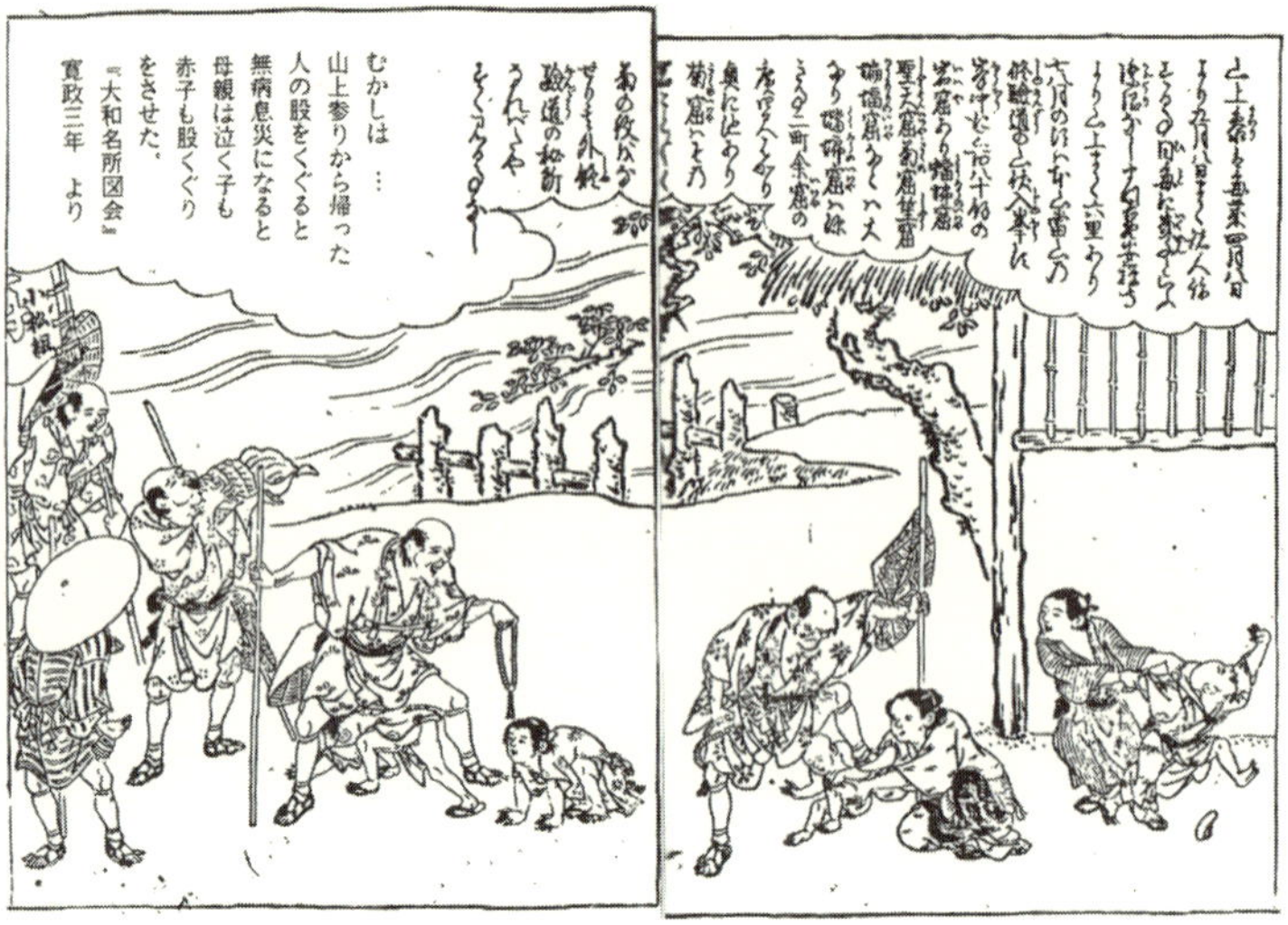

山上詣り股くぐり

上図には、次のように説明が書いてある。

「山上参りは、毎年四月より九月八日まで、諸人旅すること日毎に幾千というて際限なし。吉野安禅寺より山上まで六里あり、本山・当山の山伏入峯の峯中には、百八十余の岩窟あり、蟷螂窟、聖天窟、菊窟、笙窟、蝙蝠窟などは大なり。

蟷螂窟は、源まで二町余、窟の広さ四尺ばかり、奥に池有り、菊の窟には、その岩ことごとく菊の紋をなせり。外に修験道の秘所……」

この様に書かれているが、現在は岩屋見物はほとんど行われていないようである。

戦前は、山麓の洞川の宿では到着した山上詣りは草鞋の紐を解く前に、まず、第一番の行場とされている蟷螂と蝙蝠の岩屋に出かけたのであった。

最近の実情は、どのように変わってきたのだろうか。私の子供の頃は、宿屋から岩屋での道案内をしたのである。その人数によって御礼の小遣いが岩屋からくれたものであった。その変化を示すのは、中に入る際に使用したタイマツからの変化である。最初は、蝋燭に変わった、それから、ガス灯に変わったようであるが詳細は知らない。それから、懐中電灯の現在に至った。

大峯の鐘掛行場歌には、

鐘掛ととうてたずねてきてみれば　九穴の洞を下にこそみる

この九穴の洞とは、この岩屋なのか、九穴の蔵王であるのか、その確かなことを知りたいものである。

この絵図には、大峯に百八十余の岩屋があると書いてあるが、実際は、十カ所前後であろう。この絵にあげる岩屋の他には、古文書などをふくめてみると、水晶の岩屋、大黒の岩屋・瑪瑙の岩屋・鸚鵡の岩屋などがでてくる。

二、「川上村の岩屋巡り」埋没したか川上の窟

大峯登山の人たちは、戦前には、川上村にある有名な岩屋巡りを、必ずしたのであった。当時、山上ケ岳にのぼるには、東から吉野郡川上村の柏木を経由するのは、岩屋を廻って山上へ、

次は吉野から山上へ、また洞川に泊まってから山上への主に三つのルートがあった。山上から柏木村へおりて岩屋を巡る人たちもいたのであった。

川上村には、多くの岩屋が在ったことは、記録[1]の上でも明かである。引用しておく。

○『吉野独案内』菊岩屋

○『大和志並河誠所等』享保二十一年刊

釈迦岩窟・菊岩窟（深さ十丈余）・正善岩窟（深さ十五丈許）・聖天岩窟（深さ十五丈許）・不動岩窟（窟口窄くして入ること数百歩、窟中滝有り、其の源を窮め寞し）朝日岩屋・鷲岩室

○『広大和名勝誌』植村萬言　明和〜天明編

釈迦岩窟・菊岩窟・正善窟・聖天岩窟・不動岩窟

○『大和名所図会』秋里離島　寛政三年刊

釈迦岩窟・菊岩窟・不動岩窟

○『吉野志』著者不明

釈迦ノ岩窟

○祐阿『和紀両州記』

京都の伏見にあった浄土宗の僧祐阿は、蜻蛉滝や大滝を心ゆくばかり満喫し、さらに足を川上郷の奥地にのばしている。寛政十二年（一八〇〇）四月十日、西行庵を訪ねたあと、山坂を下り川上郷に入って、さらに菊牡丹窟を一見しようと同夜人知村の長福寺に一泊。翌十一日下多古村

から柏木村にいたり同地で案内人を得、菊牡丹窟・聖天窟・不動窟を探勝、帰途柏木村の水晶窟・釈迦窟も探索するつもりでいたが、雨天で割愛、大滝村まで戻っている。

以上の記録から川上村には、釈迦岩窟・菊岩窟・正善岩窟・聖天岩窟・不動岩窟の五ケ所の岩屋があったことは確かである。

○『吉野郡名山図志』畔田翠山
畔田翠山は、『山上岳記』(2)に川上村の岩屋について、聖護院宮、三宝院御門跡ともに洞に至らせたまうとかいてあり、岩屋については次のように記録している。

和田村、柏木へ八丁。和田村の後三丁山の方に、水晶ケ岩屋がある。谷を伝って行くと洞がある。松明を持って入る。『輿地通志』には、「釈迦窟、在和田村。深三十丈」。

水晶ヶ岩屋の内には、文珠巌、文珠、戎子大黒、れゐの棚（きぬの槌）その形が似ているものがある。日顕法眼が仏ケ眼、胎内くぐり、不動坂、多宝塔、薬師瑠璃壷、行者目洗ひ水、役行者腰掛石、三途姥、行者法螺貝石、大天井、小天井、水晶燈籠、華鬘瓔珞天蓋、蛇水池、役行者、同法螺貝。

右いづれも、鍾乳石がその形をしているのである。この洞は、雨後には内に水が溜り、その水冷くして足を切り入るほどである。

柏木村のはずれ熊野往来の道の下に洞がある。

「菊の岩屋」は、往来道から四、五丁下にあって炬火をもって入る。洞の中には鍾乳石があって、所々、鍾乳、大塊をなしている。つぎの名所がある。

数珠、この数珠は役行者の護摩刀といって刀に似た鍾乳石が流れ下がる半ばに、巻いたような数珠の形をしている。役行者護摩刀、同下緒（ともに入口にある）。鰐口、諸仏具、蓮花、渡り竜（竜に似た形である）、倶利迦羅不動、菊花牡丹花咲乱（この洞の名これから出る）、水瓶、十三瑠璃壷、象の鼻、普賢菩薩、文殊獅子。いづれも鍾乳石が似たような像をしている。菊の岩屋から川の方へ下り正善の岩屋がある（西禅ともかく）。

「正善岩窟」、炬火をもって入る。洞内の名所は、金剛童子、二童、護摩壇、迦葉尊、独鈷、三鈷、法屏、沙水盆、大金光、小金光、千手、大日、雲中の行者脚下の像、華鬘瓔珞である。正善岩窟、深さ十五丈ばかりと云う。この岩屋の下に不動岩屋がある。

「不動岩屋」、川に近いこと五、七間。炬火をもって入る。洞内の名所は、釣り鐘、一の門、二の門、行者の笈、錫杖、三の門、綱緒石、この処、道の中心に二尺ばかりの高さであって、廻り半抱えほどの石である。この石に縄を打ちかけ内に下り入る。その足だまりはぬめった石で、五尺ばかり底に滑り入ると自然に止まるところに、少し出た石がある。そのつぎを胎内くぐりと云う。そこを過ぎて不動滝がある。滝の高さ二間ばかり、洞の空から落ちてどこから水がでるかわからない。水音すさまじい。

なお、畔田翠山より早く薬草御用に赴いた採薬使植村左平次は、岩屋については、菊ケ岩屋、聖殿岩屋。不動ケ岩屋、このところ奥行き二丁余、一丁半奥に大滝あり、天井と云うところに不動の彫刻がある。ここには真の鍾乳石がある。この他に聖善ケ岩屋があり、聖護院の行場であると記録している。

三、三宝院と聖護院の岩屋巡り

江戸期における、両院の岩屋巡りの様子を、二つの記録から紹介してみよう。三宝院は、先に岩屋を廻ってから山上へ。聖護院は、山上の小篠から降りて岩屋を巡り、再び小篠に帰ってから奥駈に向かっている。

○三宝院の岩屋詣り

三宝院の奥駈修行には、川上村柏木の岩屋巡りもある（『金谷上人行状記』[3]）。

文化六年（一八〇九）七月九日、金谷上人（横井金谷）は、三宝院門跡高演法親王の吉野峯入りに随行した。

九日、巳の刻　御出門。金精明神へ御参詣。それから安禅寺に入り、つづいて晴明の滝、行者堂へ入御。お中食。大滝村へお越しなされた。岩石飛びというものをお目にかけた。さらに人知村・井戸村を経て和田村、深更に及んで金剛寺にお泊りになる。

翌十日は辰の刻に御発輿、不動の岩屋・聖天の岩屋・水精の岩屋など合計五つの岩屋を御覧になった。不動の岩屋などは一丁あまり入ったところに大滝があり、その水が穴の中に消えて行方を知らぬ奇怪さ、菊の岩屋も御覧になり、夜は大滝村松本久右衛門方にお泊り。

翌十一日宮滝村へ出ている。

○聖護院の岩屋巡り

聖護院では、山上小篠から川上村に降って岩屋巡りを行い、再び小篠へと帰り、奥駈に向かうのである。

天保十年(一八三九)七月二十五日、京都を出発した聖護院門跡の御入峰に供奉した大徳院が書いた「天保十亥年御入峰供奉日記」(4)(天理図書館蔵)によると、八月五日吉野山着。

九日、五條代官の案内で西河村に入り、清明滝で修行、仙竜寺に入寺後「大滝村ニ而岩飛ト名付大石之上ヨリ吉野川江飛入水底ニ良暫ク有リテ下ノ瀬江浮出ル事、是此処之者両人ニ而相勤ム」とあって吉野に帰山。

十二日山上から小篠に着、修法一宿。

十五日洞籠川から坪内弁財天を参詣。

十九日に川上に修行、そまが谷で小休止した。「供奉日記」には、是ハ上多古村之内ニ而同処路也、是迄道筋大難処普請九ヶ村ニ而致スよし、和田村中食、今西八右衛門、同村釈迦窟夫より神谷村妹背山金剛寺、此寺本尊地蔵尊、聖天窟・不動窟・生禅窟・菊之窟御修行終て又和田村江御帰、今西御殿御止宿とある。

翌日は入之波へ出、小篠に還御

二十一日瑪瑙窟、阿古滝で修行、深夜丑の刻無言護摩を施行し、二十二日小篠から奥駈出発まで窟・滝の修行を続けた。阿古滝は小篠から約二・三キロ、上多古から約六・二キロ　以下略（『川上村史』七九八頁　平成元年）

別の記録では、

八月十九日、小笹から川上へお成り。上田古（上多古）村御小休、川上へは午刻前に御着、小笹より三里半、下り坂大急瞼である。昼後に御立にして岩屋廻り。本尊地蔵尊目洗水、腰掛石、「釈迦ケ窟」へ五丁、奥に神変大菩薩の形石あり。「聖天ノ窟」へ十五丁、奥に聖天聖悪懐合の石像あり。「不動ノ窟」二丁、二段の滝あり。奥に不動尊像あり、「賞禅の窟」へ三丁、雲中行者尊大琴小琴の声あり。「菊ノ窟」へ十丁、其窟の中に菊牡丹咲乱の形あり。水瓶十三あり。行者尊の御太刀菊の鐶の形あり。夫より十三丁にて川上御本陣へ還御、酉刻前也。

二十日川上発、小笹へ帰還。

とある。

このように、三宝院も聖護院も修行した岩屋であるが、現在は「不動の岩屋」だけが開かれている。他の岩屋は、洪水にでも流されたのか、ほとんど聞かれない。大峯修行をする人たちも、今ではほとんど柏木からは登ってこないようである。

「大黒の岩屋と瑪瑙の岩屋」

現在は、これらの岩屋は、全く、その名さえも聞くことがないようである。

三宝院の金谷上人の記録から、引用する。

「小篠に泊まり、夜明けるとともに大黒の岩屋（小篠の本堂の西の方につらなる岩のうちの大岩、上には樹木が茂る）へ行き、修法を了え、「補任」をいただいて御殿の宿へ戻ったときは、十九日朝五ツ半〔九時〕だった。

二十二日、ヤット晴れた朝の五ツどき〔八時〕御出門。安居滝《あごの》へおなりなされた。供奉は、斧一丁、笈一箇、御剣二振り、御錫杖と総勢五人だけの小人数で、斧には上人が当った。

さて大黒の窟から次第に二十丁ほどくだったが、まったくの絶壁伝いで、おまけに青苔がすべって、足の踏みどころもない。さらにほとばしる渓水が音を立ててはしる石上を、飛び越え駆け抜け、やっと瑪瑙の岩屋へたどり着いた。

窟の中は全部瑪瑙いろで、それがタイマツの光にキラキラと輝いて美しかった。広さおよそ三丈。壮観知るべし。

この瑪瑙の岩屋というのは、阿古滝からさらに一町ほど上に小さな滝があり、その右岸にある岩窟で、入口は極めて狭いが、内部は八～十尺くらいの高さがあり、幅二、三間、奥行約十間。瑪瑙に似た丸い石がならんでいるからこの名があると『吉野郡群山記』もいうが、実際は何もないという。

昔を偲んでみると、柏木村にも、また大峯山中にもあった岩屋がほとんど忘れ去られているようである。今もその名をとどめながら不明の靡に菊の岩屋がある。

四、「謎の岩窟か、四十九番菊の窟」

謎の多い岩窟である。確実な場所が不明であるために、今も探索がなされているようである。江戸期の『大峯細見記』の七十五靡には含まれてはいない、しかし、奥駈行所とされ、「禅師平ト云処ニアリ。此処ヨリ左方へ登レハ菊ノ岩屋ト云処有。絶壁ニ石室アリ。難登」と記録されている。

また、天保十年(一八三九)の聖護院雄仁法親王の入峯の際の随伴記には、「七月二十三日、弥山ヨリ深山迄八里、至而難所、…是迄二里、石休場、菊の岩屋、右(古)源山、禅師、船形、巳刻楊枝ト云処ニテ御行アリ」としてある。また、『釈迦岳之記』[5](一八四七)には、「菊の窟、道より八丁の上りなり」とある。

最も古いのは、役行者の五大弟子の一人、義元が木皮に炭で書きとめたという『行者本記』の原本が、この岩屋に隠されていたという記録であろうが、これは説話のようなものである。

近年の大峯登山の紀行文のうちから、菊の岩屋についての三つの記録をあげてみよう。

一、笹原の人は鬼の口と云うらしい。舟の川地獄谷と日裏山谷の間の大きな尾根を西へ奥駈け道から五、六町下ったところにある。岩場になっていて角がついているように見える。その岩壁の南側に菊の花形の紋が鮮やかに見える[6](『大峰山脈と其渓谷』昭和九年)。

二、禅師の森につく。路傍に出張る大きな巌があり、岩面に禅師の森と字が刻んである。岩の中ほどに検増童子と刻した古い石碑を祀り、その背後が菊の窟と称する小さな洞穴となっている。岩上には古木が生い茂り下は少し平地をなしているので一服によい憩い場である[7]（『近畿の山と谷』　昭和十六年）。

三、菊の窟を遙拝する。東方の谷深くにあり、峯中第一の魔所で、入った者は誰一人出てきたことがないと伝えられている。略　それも迷路のようになって非常に分かり難く辿り着くのがやっとの思いだったという（岡田談）。窟自体は上の方の部分が幾分菊のようになっているが、ずべっと斜めになっているだけで、参籠はおろか経巻や書物を安置できる場所など何処にもないそうである[8]（『近畿霊山と修験道』　昭和五三年）。

一と三は、おそらく同一ヶ所であろう。岡田談としているのは、当時の大峯奥駈に詳しいとされていた強力の岡田雅行氏で、釈迦ケ岳に単独で釈迦像を担ぎ上げた人である。

なお、最近、諸説紛々としている所在不明の「菊の窟《いわや》」[9]を、大峯山脈の舟ノ川支流で探索がなされて、「菊の窟」の可能性の高い窟も報告されている。

しかし、靡の成立の過程から考えると、「菊の窟」は、当初、おそらく修行者が現地を踏むことができた地点であったように思われる。行智は、「弥山駈出、九里にして深山（深仙）に至る。一里ばかりで天ノ河辻。一里、水元。二十丁ばかり。菊ノ岩屋。休息所あり。一里。小禅師。此の辺すべて嶮岨なり」と『木の葉衣』[10]上に、書いてある。大峯奥駈が断絶している間に、これを知る先達も亡くなり、口伝をたよりに、それぞれ、現地を踏んだ修行者が伝えたのであろうが、近づきがたい岩窟のある魔所として遠くから遙拝するように変わっているように思われる。

大峯山系には修験道場としての岩屋が数カ所、確かにあったのであるが、現在では忘れ去られたのか、洪水による埋没であろうか、消え去った岩屋もある。

他方では、昭和になってから新たに発見された岩屋もある。

洞川にある「五代松鍾乳洞」が、それである。国立公園が設定された頃に、洞川の畸人変人ともいわれた赤井五代松翁一家によって発掘されたもので、天然記念物に指定されている。五代松翁が最初に発見し、国立公園調査団々長岡部子爵から「五代松鍾乳洞」と命名された山上川岸「ゴロゴロ水」下にある第一洞は、すでに早く閉鎖されて、現在開いているのは第二洞である。また洞川温泉には「面不動の岩屋」も発見された。

昨今は、各地の洞窟探検も、時に話題になるが、消え去って行く洞窟のことを思うと、天災によるる場合が多かろう。むかし、暗い闇の中に僅かの灯火をたよりに入り、籠もって修行した行者たちの苦行がしのばれる。

註

（1）『川上村史』通史編、吉野郡川上村教育委員会　一三三〜一三五頁　平成元年

（2）畔田翠山『和州吉野郡名山図志』「山上岳記」天理図書館蔵
（3）『金谷上人行状記』東洋文庫　平凡社　昭和五十年
（4）平山敏治郎「天保十年聖護院宮入峰随伴記」『橿原考古学研究所論集』七、三五八頁　吉川弘文館　昭和五九年
（5）畔田翠山『和州吉野郡名山図志』「釈迦岳記」天理図書館蔵
（6）中川秀次・冨川清太郎『大峰山脈と其渓谷』二七頁　朋文社　昭和九年
（7）住友山岳会代表大島堅造『近畿の山と谷』八八頁　朋文社　昭和十六年
（8）福井良盈「大峯奥駈行場と入峰行」五来重編『近畿霊山と修験道』二一二頁　名著出版　昭和五三年
（9）和田謙一「失われた聖地を求めて、大峰・菊の窟探索記」『岳人』六三九号、二〇〇〇年
（10）行智「木の葉衣」『修験道章疏』三、一九四頁　名著出版　昭和六十年

十二　祇園の宿か寺祇園か——関白藤原道長の金峯参詣

今からおよそ千年前、寛弘四年（一〇〇七）八月、時の関白太政大臣藤原道長が蔵王権現を信仰し、京の都から大行列を仕立てて大峯山上ケ岳すなわち当時の金峯山に参詣した。これより百年ほど前の昌泰三年（九〇〇）七月には、すでに宇多法皇が金峯山に参詣されていたが、その当時に参詣したのは吉野の金峯山であった。

信仰篤い藤原道長が、精進潔斎して参詣したのは、確かに金峯山、大峯山上ケ岳であった。しかし、その当時の状況を考慮して、道長が果たして山上ケ岳の頂上まで登頂することができたか否かが問われ、道長の大峯金峯山の参詣については、賛否両論があるようである。

そこで、藤原道長の『御堂関白記』をもとに、改めて行程を検討をしてみることにした。その結果、道長が登頂前夜に泊まったとされる宿は、通説の様になっている祇園（百丁茶屋辺り）が誤認ではないかということが判った。道長の宿所は、祇園ではなくて、寺祇園であるという結論になった。その地点は、現在の今宿の跡辺りではないかと思われる。

従来、道長の山上ケ岳登山に疑問がおきる原因の一つには、登頂前夜の宿所が祇園であるとしたことも関係して、これに追随してきたことで、道長自身が日記に明らかに寺祇園としているにもかかわらず誤読していたので、大峯山頂の御在所に参詣したことは確かである。

そこで、これを主題に道長の山上ケ岳の登頂について、改めて行程をみてみよう。

まず、道長の日記を引用しておく。(1)「御堂関白記」は、道長自身の記録で、原文(漢文)を仮名まじり文として要約しておく。

八月二日、丑時(午前二時頃)金峯山参りに出発。鴨河尻から舟に乗り、八幡宮に参拝。

七日、観覚寺に到り、沐浴。御明諷誦信布三十端。現光寺に到り、御明諷誦信布三十端。

宿野際。此間雨下る。御明諷誦、信布十端。

八日、辛丑、終日雨下、宿。

九日、時々雨下。宿寺祇園宝塔昼飯を為す。両寺皆諷誦を修め御燈を奉る。

十日、時々雨下。御在所に着く、僧房は金照房。午時沐浴解除。

十一日、早旦湯屋に着き水十杓浴び解除。御物前を立ち、小守三所に参上す。詳細省略。

三十八所に詣る(法要略)。御在所に参る(裏書)。経等宝前金銅燈楼の下に埋める(委細略)。事了、所々を見るに霧下り意の如く見えず。房に還り、金照掛《かい》を賜る。

即下向、夜に入り、宿寺祇園。
十二日、天晴宝塔に着き進膳、又依申金照着石蔵。其寺は甚だ美也。進膳、即野際を立ち乗
馬、従下道水辺に着く。入夜宿。
十四日、暁来淀、乗車着鴨河精進所、以精縄解除、着。土御門、即参太内並参東宮退出。

道長の往路の宿所は、内記堂・大安寺・井外堂・軽寺・壺坂寺・野際と明記されているが、山頂御在所で泊まった前日、九日に宿泊した宿所については疑問がある。

これについて、石田茂作・矢島恭介両氏は、つぎのように解説している。(1)

「第八日（八月九日）、いよいよ、登山にかかる。先づ祇園宝塔に賽す。宝塔は今の金峯神社の左方にあった所謂安禅の蹴抜けの塔を指したものと思われ、祇園は金峯神社の上方今の百丁茶屋辺という。此の辺今は無いが昔は祇園又は二人宿とも称し、大峯登山の人は多くここで山の第一夜を明かした様である。麓よりの行程は約三里ある。」

しかし、これには二つの疑問があるようである。まず、宝塔であるが、これは「所謂安禅の蹴抜けの塔」を指したものと思われるとしているが、金峯神社の蹴抜け塔と、安禅寺の宝塔とは、全く別である（蹴抜け塔を愛染の宝塔ともいうが）。『金峯山創草記』によると、諸社諸堂勤事に「宝塔」は、報恩法師建立とあり、桓武天皇の頃には存在していたとある。道長のいう宝塔はここで、昼食は宝塔院のある安禅寺の宝塔である。

次は、山の第一夜を明かした宿であるが、この宿を「祇園、又は二人宿」とも称したという。場所は百丁茶屋付近としていることである。しかし、ここで泊まれば、「十日、御在所に着き、午時沐浴解除」には、余りにも遠いようである。

さらに、不思議に思ったのは、後に参詣した藤原師通は、道長の参詣を参考にしたというのに、祇園をでて鎰懸《かぎかけ》にようやくたどりつき涙を流し、翌日は休養しているのである。

改めて、道中の宿を調べてみると、次表のようである。

吉野から山頂までの宿所

『大峯縁起』[2]	『金峯山本縁起』[3]	『寺門伝記補録』[4]	『証菩提山等縁起』[5]	『両峯問答秘鈔』[6]	現在
鎰懸《かぎかけ》の宿	鎰懸宿	鎰懸宿	鎰懸宿	鎰懸	鐘掛
石林の宿	石林宿	石林	石朴宿	猪鼻	
(鞍懸という)	(今鞍懸)	鞍懸宿	鞍懸宿	四人宿、号鞍懸	クラカケ
智有の宿	智有宿	智有宿	智有宿		
(寺祇園なり)	(寺祇園)	寺御恩宿	寺祇園宿	三人宿、寺坂	今宿
老仙の宿	老仙宿	老仙宿	老仙宿	天井嶽	

（今祇園なり）	（今祇園）	今祇園宿	今祇園宿	二人宿、今祇園　百丁茶屋
観音の宿	観音宿	観音宿	観音宿	一人宿
（七高という）	（今七高）	七高宿	七高宿	
大久の宿	大久《たいく》宿			
（聖尾なり）	（今聖尾）			
	助野《あさみ》宿			
	龍熟宿			
	（守屋）			
法浄仙の宿	法浄仙宿	法浄仙宿	法浄仙宿	
（青篠なり）	（今青篠）	（青篠宿）	（青篠宿）	宝塔（安禅）

宿泊したのは祇園ではなく、寺祇園である。問題の箇所は、日記に「宿寺祇園宝塔為昼飯」とあるのを、石田茂作・矢島恭介両氏は「宿寺、祇園宝塔為昼飯」と読んでいるが、これは「寺祇園に宿し、宝塔昼飯を為す」とすべきで、「十一日にも、早朝湯屋…詳細省略。夜に入り宿寺祇園」と明確に記している。両氏は、祇園の根拠を「二人宿、今祇園」とする『両峯問答秘鈔』によっているが、別表のように正しくは今祇園であって、道長自身は寺祇園と書いてある。

『両峯問答秘鈔』は、約五百年も後の永正年間（一五〇四～一五一一）の成立とされる。道長当時の資料を調べてみると、やはり明らかに寺祇園がある。

『諸山縁起』（第九項）大峯の宿名、百二十所には、智有の宿（寺祇園なり）とある。

また、『金峯山本縁起』（仁和寺蔵）、長承二年（一一三三）二月十二日書写の奥書がある、『寺門伝記補録』『証菩提山等縁起』にも、寺祇園宿と今祇園宿とがある。

道長が、参詣した当時には、確かに寺祇園の宿があったので、その位置は、おそらく現在の今宿跡の辺りであっただろうと思われる。

『両峯問答秘鈔』には、安禅宝塔・二人宿（今祇園と号す、殊勝水左方之在り）・天井ケ岳・三人宿（寺坂と号す、流水右方に在り）・四人宿（鞍懸と号す）とあるから、三人宿辺りと考えられ、寺坂とあるから、この辺が寺祇園とみてよいだろう。


日記の原文を見ると、文字の配置が書き下ろした位置（日記の原文写真を参照『金峯山経塚遺物の研究』）に、偶然二字が入る空所があり、道長はそこに「宿寺」と入れ、それから祇園宝塔と記入した。これを「宿寺、祇園宝塔為昼飯」としているが、裏書にも「宿寺祇園」とある。

宮坂敏和氏[7]、村山修一氏[8]、首藤善樹氏[9]ら、多くは石田茂作・矢島恭介両氏の説にしたがい祇園（今祇園）を宿所としている。宮家準氏[10]は、祇園宝塔に泊まるとしているが、祇園と宝塔は、日記には両寺とあり、宝塔では昼食をしているように明らかに別々である。仮に、安禅の祇園宝塔としても、山頂に翌日午時つくには遠すぎはしないか。

寺祇園は、距離的にも今祇園よりはるかに山頂に近い。現在の案内図によっても百丁茶屋と今宿間は三時間近くを要している（地図には二時間四十八分）。今宿辺りにあった寺祇園に泊まると、翌日早々に頂上の宿房に到着することができ、午後沐浴したとすることも充分に理解できる。おそらく、法要の所要時間など帰路の日程を考慮して、なるべく山頂の御在所に近い寺祇園の地に宿が設営されてたのだろう。

道長の山上ケ岳参詣に反対して、道長の金峯参拝は、当初から宇多法皇と同様に吉野金峯の参拝を企図していたとして、村上泰昭氏(11)は山上登山を否定している。五来重氏(12)も、納経の地を、吉野金峯神社付近としている。また、太田古朴氏(13)は、登山技術からして当時の行程では不可能であるとしている。

山上登山を否定している村上氏の説を要約してみる。奈良朝頃から平安中期を過ぐる頃まで、金峯神社の地は、御嶽信仰の中心地として栄えてきた。平安中期には理源大師の鳥栖の鳳閣寺、相応上人の安禅寺などの塔頭僧坊が並び、なお祇園という宝塔も立っていた。安禅寺の蔵王堂には、一丈七尺の蔵王権現を安置して御嶽詣の本尊となった。岩倉鎌倉の里は、岩倉千軒、鎌倉千軒といわれていた。道長の金峯山詣での目的地は、全くここであったというのである。

道長が、ここに留って法要を行ったことは明らかで、彼が埋めた経筒は、元禄四年（一六九一）に金峰神社の東北の丘の麓から発見され、近頃まで神社に保管さられていたという。村上氏は、それが山上本殿改築時に出たというのは、道長の大峯詣の夢を実現しようという意図から企まれた附会に過ぎないという。道長は、この神社から凡そ五、六キロの間の堂塔を往来して御嶽詣を果たしたというのである。

太田古朴氏は、距離その他地理的条件から当時の登山技術では、「十日朝出立、正午大峯山上着、十一日朝諸種供養下山、十二日葛村に着くという早業は、無理であろう」とされる。

その後、三宅敏之氏[14]は、太田氏の反対説に対して、次のように反論している。『御堂関白記』によると、十日出立したのは祇園であり、十一日下向したのも祇園までである。祇園の位置に問題は残るが、石田・矢島両氏は、これを今日の百丁茶屋の辺りとされている。その根拠はこの地をかつては祇園、あるいは二人宿とも称し、大峯山登山者の多くは山の第一夜を明かしたところであるという。ここから山頂まで難所（行場）も多いが、半日行程として差程無理とは思われない。同氏は、祇園の位置を問題と考えているが、やはり石田・矢島両氏の祇園説にしたがっている。おそらく、村上・太田氏の反対論も、宿泊地を祇園とみなしての論議であって、もしも道長が山頂近くの寺祇園に泊まったと判れば、山上参詣を否定はしないだろう。

改めて、道長の日記と藤原師通の記録を読み比べてみると、師通は道長の参詣記録を参考にしたとはいわれているが、かなりの相違点がある。

道長は、十日雨にも拘わらず寺祇園を出て早々に山頂に到着し、午後沐浴とある。一方、師通は今祇園（日記に宿泊とある）を出て鎰懸（今の鐘掛行場辺りか）についたのは、午後も六時である。しかも、道長は翌朝、種々の法要の行事を行い、即日下山しているが、師通は前後二度の参詣とも、山頂に着いた翌日は休養をしている。

若い師通と同様に道長が、もし今祇園から出たとすると、師通よりも早目に山上に着く筈もない。師通は涙を流し鐘掛で泊まったのである。また、道長は長時間にわたる大法要の行事をして、その日の中に今祇園まで帰ってくるのは難しいことである。おそらく後の後白河院のように、関白は御輿に乗って、時には徒歩であったかもしれない。従う公家たちも、嶮しい山上登山は健脚でないと登れないだろう。

金峯参詣の日程と行程、特に宿泊地点など、場所も確認しながら再考してみよう。


道長四十二歳、七十余日の精進をした後、八月二日に金峯山へ向かって出発した。

まず、吉野野際までは、一日に三、四里の程度である。

三日、大安寺宿から述べることにする。

四日、井外堂泊まり（天理市二階堂か?）

五日、軽寺泊まり（橿原市大軽付近を軽といった。畝傍山の南ふもと一帯、畝傍町あたり）

六日、壺阪寺泊まり。壺坂を発ってから、観覚寺に立ち寄る。

七・八日、吉野山のふもと、野際（下千本の辺り）泊まり。雨で逗留。

九日、雨の中を出発、宝塔に着き昼食。寺祇園に宿泊。

十日、山頂の御在所、蔵王堂に詣り、午後は、沐浴など休養して、別当の金照坊に泊まる。

この日は翌日の法要の場所の設営など準備に費やされたのだろう。

十一日、翌日、早朝、湯屋に入り潔斎。法要後に、金銅燈楼を立て、御経など埋めた。

法事が終わって、休憩して、即刻下山、夜は寺祇園にとまった。

十二日、下山。野際から乗馬、下道を通り水辺に着き、夜泊まり。

帰路につく。舟に乗り、翌朝淀に着く。


このような日程である。これらの資料から道長の金峯参詣を考察してみると、道長は山頂に近い寺祇園に泊まり、山上ケ岳に参詣したのは確かである。しかし、十二日寺祇園から宝塔で昼食して吉野から京への帰路は、余り詳しくは書かれていないが早々に帰京されている。

永井路子氏(15)は、吉野を歩いた感じから、次のように述べている。

「山上ケ岳まで九時間のハイキングコースという標識に従えば、八月九日すでに宝塔院に着いている道長が十日山上に達することはさほど困難ではない。多分このとき、彼は行ける所まで馬で行ったろう。略」「また、十一日供養を終え、祇園に泊まり、十二日宝塔院着という日記の記事も不自然ではない」といっている。「道長の帰京は十四日。行きに比べると驚くべき速さのようだが、壬申の乱の前に近江を出た大海人皇子も近江から二日で吉野に到着していることを思えば、これも十分可能である」という。

しかし、畔田翠山の『山上ケ岳記』によれば、江戸期でも洞辻から五番関の間は樹木茂り日光を見ずという。難コースである。今祇園からの道中も難所であって、馬で行けそうな道は極めて少ない。帰路は遠くなりすぎ、馬に乗っても遠距離、長い難儀な行程である。

平成三年に、大峯山に登山なされた皇太子殿下は、大峯登山の紀行に、道長の参詣にふれ、糖尿病であった道長が、よく登られたと書かれている[16]。

藤原道長は、前夜「祇園」に泊まって翌日午後に山頂に達し沐浴をしているが、藤原師通は今祇園に泊まり夕刻にかろうじて鐘掛に達したということに疑問を発してから、改めて調査し、宿は寺祇園であったと判ったが、祇園が通説のようにまかり通っているようである。

今は跡もない今宿付近すなわち寺祇園に泊まった道長は、初めて蔵王権現を祀る金峯大峯の霊気に触れたことであろう。

註

(1) 石田茂作・矢島恭介『金峯山経塚遺物の研究』帝室博物館学報、第八　昭和十二年
(2) 『大峯縁起』、延暦二十四年（八〇五）に大綱が作られ適宜に加筆されて永暦元年（一一六〇）

（3）を下限とす。『寺社縁起』日本思想大系　一一二頁　岩波書店　一九七五年

『金峯山本縁起』は京都仁和寺蔵で、長承二年（一一三三）二月十二日書写の奥書がある。「金峯山本縁起」。五来重編『修験道史料集』二。一二〇、一二一頁　名著出版　昭和五九年

（4）『寺門伝記補録』応永四年（一三九七）頃。宮家準『修験道思想の研究』二九二～二九四頁　春秋社　昭和六〇年

（5）『証菩提山等縁起』文亀三年（一五〇三）。『修験道章疏』三。三七一頁　名著出版　昭和六〇年

（6）『両峯問答秘鈔』永正年間（一五〇四～一五一二）の成立とされる。

（7）「両峯問答秘鈔」巻下。『修験道章疏』二。六一七頁　名著出版　昭和六〇年

（8）宮坂敏和『吉野その歴史と伝承』二三頁　名著出版　一九九〇年

（9）村山修一『山伏の歴史』九六頁　塙書房　昭和四五年

（10）首藤善樹『金峯山』六九、七〇頁　金峰山寺　昭和六〇年

（11）宮家準『大峰修験道の研究』一四四、一四五頁　春秋社　昭和六三年

（12）村上泰昭『吉野』七五頁　綜芸社　昭和五三年

（13）五来重「修験道文化について」五来重編『修験道の美術　芸能・文学』昭和五六年

（14）太田古朴「藤原道長の金峰詣と経筒・経函」『史迹と美術』第二八七号、京都　昭和三三年

（15）三宅敏之「藤原道長の埋経」『角田文衛博士古希記念古代学叢論』二四七頁　昭和五八年

（16）永井路子「道長は山上に登ったか」『歴史のねむる里へ』ＰＨＰ研究所　一九八八年

徳仁親王「修験の山を訪ねて」『山岳修験』第七号一～六頁　山岳修験学会　一九九一年

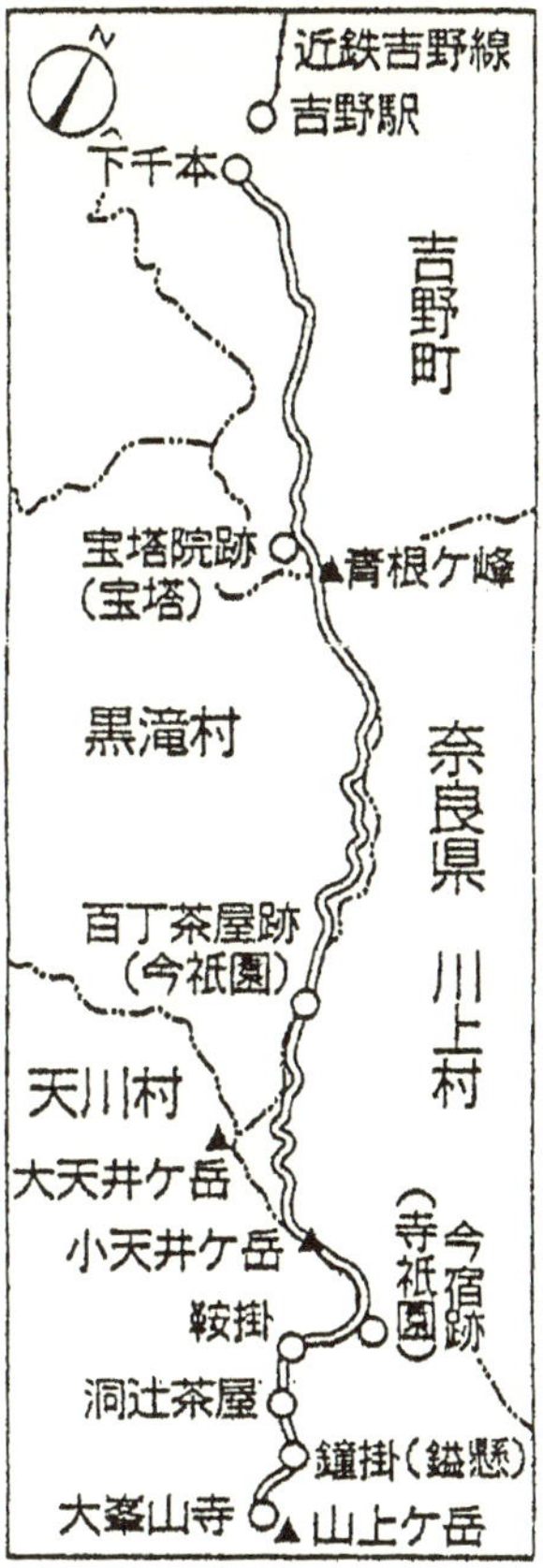
近鉄吉野線
吉野駅
下千本
吉野町
宝塔院跡
（宝塔）
青根ケ峰
黒滝村
奈良県
川上村
百丁茶屋跡
（今祇園）
天川村
大天井ケ岳
小天井ケ岳
今宿跡
（寺祇園）
鞍掛
洞辻茶屋
鐘掛（鎰懸）
大峯山寺
山上ケ岳

『毎日新聞』より

十三　縛られた紀州の大殿様——豪胆な山案内、角甚旅館の当主

大峯山は天下に知られる修験の山で、山麓の洞川は登山の基地である。昔から、大峯修行の山伏をはじめ、豊作祈願の農民たちも毎年、講社を組んで山上詣りにやってくると、たいてい洞川に宿泊していた。

白河上皇は、吉野から山上に御幸なされたが、紀州の大殿様は洞川に泊まり、大峯修行をなされた。紀州のお殿様は、徳川御三家として由緒ある家柄を誇るけれども、殿様も人間である。様々な、風聞も聞こえてくる。

今から約二百年ほど昔、洞川の旅籠角甚に泊まられた紀州様について、とっておきの面白い逸話がある。

角甚旅館は、洞川でも大変古くからの旅籠である。先々代の角谷甚一氏（昭和四十二年七十一歳）が書きのこされた文書には、次のように書いてある。

角谷家の祖先は、戒名に見られるように元禄以降は明瞭であるが、それ以前は石碑・位牌の文

字は磨滅あるいは消失して不明であるが、連綿として三百年間も続いてきた洞川の旧家である。約三百年前から旅館をしていたことは、登山講社のうち大阪の龍山講の講元が、現在（昭和四十二年当時）で十六代目の講元であることからでも確実で間違いない。

角谷家の資料によると、「文化四年子《ね》四月贈正一位紀伊大納言頼宣公、当家ニ御宿泊アリ。当主五代ノ祖、此ノ時大峰山御案内役仰付ケラレ……」とあるように紀州の殿様がお泊まりになられた。同家では、和歌山の徳川家に問い合わせたところ、紀伊八代藩主徳川重倫《しげのり》侯とのことであった。

まず、徳川重倫侯について述べておく。

重倫侯は、延享三年（一七四六）二月二十八日、徳川宗将《むねのぶ》の二男として、江戸上屋敷で生まれた。幼名岩千代、宝暦五年（一七五五）十一月二十八日元服して、名を常陸介と改め、一字を拝領して重倫と称した。明和二年（一七六五）、二十歳で紀伊八代藩主となったが、性質は狂暴で、お手討ちが趣味といわれるほどで、手討ちにした家臣侍女二十数人という。

こんな話がある。江戸屋敷で、隣家の松平家の高楼で婦人が夕涼みしているのを見て、我が家を見下ろし嘲笑していると怒って鉄砲で撃ち殺した。この狂暴な事が、幕府に知られ、隠居を命じられたので、安永四年（一七七五）三十歳の時、髪を剃って太真《たいしん》と号した。その後を、徳川治《はる》貞《さだ》が九代藩主として受け継いだ。しかし、寛政元年（一七八九）六十二歳で薨去され、わずか十九歳の徳川治宝《はるとみ》が、十代藩主となられた。

西の覗きの絶壁

したがって、角甚旅館に紀州の殿様が泊まられたというのは、藩主ではなく「大殿様《おおとのさま》」と呼ばれ、当時、和歌山の荒浜御殿に住んでいた重倫侯であった。大峯登山史に、紀州太真（紀伊徳川藩主とあるが、元藩主）一八〇四年洞川より金峯山に参詣とあるが、紀州太真とあるのは僧籍に入った重倫即ち太真である。時期は、文化元年（一八〇四）子歳で、重倫侯（太真）が山上詣りをされたのはこの年であって、文化四年は卯歳にあたる。

ところで、大殿様の山案内について難問がおきた。大殿様が、明日は山上に登られ「行《ぎょう》」をされるので、山案内が必要であるが、すでに大殿様の評判は聞こえていたから、誰も案内をする者がいない。

甚一氏の遺稿によると、重倫侯は徳川御三家の一つ、五十五万石の大々名であり、又非常に豪気な人であった。言葉が一つ間違っても首が飛ぶというので、誰も案内する人が無く、角谷家の当主が案内をしたのであった。

ところが、「西の覗」の行場で、大殿様をめぐって周りの者が仰天するような場面が展開した。

まず、その当時の、西の覗行場の様子を、畔田翠山『山上岳記』弘化四年（一八四七）から引用しておく。

西の覗きは、西南に向かっている。左の方、岩のはなに、山先達が足を組み坐ってのぞかせる。のぞく岩の前に、水が少し溜っているはざまがある。そこを越えてのぞかせる。岩の端《はし》がさがっているところに腹這いして、先達が首すじを捕え下を望むと、底は深く、かの杉菜のような大木の梢を見ると内の方へそっている巌であるので、眼がくらんでまことにすさまじい。

右の方向に（鐘懸の西に当たる）古えの西の覗きがある。極めてけわしい絶壁である。巌の道がするどくて、剣の山ともいえる。深さも測れない。はるかに谷の底に岩の根元がさし入っている。古えはこの処で覗かせていたが、人々が多く落ちて死んだのは三百人に余るので、この覗きを止めて今の西の覗きに替えた。今の西の覗きにおいても、天保末年（一八四三）から三ケ年間つづいて三人まで飛び込み死んだ。

去年に死んだ人は都方の年若い男で、脇差や衣類を脱ぎ捨て書置などして、白衣を着て飛び落ちて死んだ（この者、京都西本願寺の寺務であった由いい伝える）。この所から落ち入ると

西の覗きの行場

るという。

諸々《もろもろ》の木にふれて五体はくだけるという。その落ちるところは土がなく、岩石ばかりであるのでさもあろう。洞川の者が下の道から来て、散っている死骸を集めて、その上に石を重ねて墓にするという。

さて、大峯山の行場、西の覗きは、大岩壁の上から逆さまにして下を拝ませるが、そこには、すでに準備係りとして先着の家来達が毛氈《もうせん》を敷いて準備をしていた。

案内人の角屋の当主は、役行者は、こんな事をして「行」をしたのでないといって、毛氈をはね除けた。

重倫侯にも、そちらを向きなさいといって綱を掛けた。

重倫侯は、何をするのかと申されたので、角屋の当主は危ないから縛るので、落ちたら生命は無いといった。

重倫侯を、軽々と提げて前に突き出すと、さすがの重倫侯も思わず岩に手を掛けられたが、それを払い除けて突き出した。

これを見ていた一同の者は、びっくり仰天、重倫侯が上がってくるなり御手討ちとばかり、青くなっていた。ところが、行を終えた重倫侯は、軍床几《いくさしょうぎ》に腰掛けられ、

「面白い奴じゃ、己も縄を打たれたのは、生まれて初めてじゃ」

と申され、にっこり笑われたそうである。

次に、裏の行場の行もすべて終わって、「元結《もとゆい》払い」という場所にきた。

角屋の当主は、大殿様に、

「これで行は全部終わりました。

それで、この処では僧になって頭を丸めるかわりに、元結を取ってここに置くのです」

と申し上げた。重倫侯は、絹の打紐で千段巻きにしていた元結を解いて、そこに置いた。

すると、その目の前で、当主が、

「これは、私が記念に頂戴して置く」

といって、早速懐中に入れてしまった。

重倫侯は、幕府から隠居を命じられた際に、剃髪して坊主になったが、角屋に下賜された木像には元結があるから、その頃は、殿様らしく元結をしていたことは事実だろう。


重倫侯は、山案内をした角屋の当主の気風が非常に気に入り、下山してから帰城に際し、その労を多として御墨付（権利証）を下された。これは、紀州五十五万石の領内から、米麦綿の三品初穂を集める権利を与えるという御墨付であった。また、角屋当主に、帯刀も許された。それで、その後、角谷家では、毎年供を連れて紀州領内を初穂集めに廻ったとのことである。

重倫侯は、紀州に帰ってから、お抱えの仏師に命じ、侯が西の覗の岩の上で軍床几に腰を掛け、鉄扇を握っておられる肖像を刻ませ、角甚に下賜せられた。

狂暴で知られた重倫侯も、登山なされた頃は還暦にちかく、若い頃の癇癪《かんしゃく》癖も薄らいでいたのだろう。

角屋の山案内にも余裕をもって接していたが、彼が経験したこともない豪胆さに感服したのであろう。重倫侯は、文政十二年（一八二九）八十四歳の天寿を全うした。

甚一氏は、重倫侯が入峯なされた時代の前後、角屋は角平、角友、角仙と三代続いた侠客であったと述べられている。重倫侯を案内したのは、当家五代の祖となっているが、この三代三人の中で誰の時代が五代目にあたるか判らない。当時、生命知らずの侠客であったことは間違いなく、この逸話がはじまったが、侠客が三代も続いて子孫も絶えなかった家もめずらしいとされている。

なお、角甚旅館には、紀伊殿様から下賜された愛染明王画像及び重倫侯の鎧に陣羽織の出陣姿を画いた掛軸を、今も家宝として所蔵されている。

また、大正五年、徳川頼倫侯が吉野山へ観桜に来られた際に、南北朝の頃を偲ばれて、如意輪寺へ額一面と角甚の祖先のために額一面を下賜され、またご揮毫をされたそうである。しかし、その他は、一切揮毫をされなかったので、随行していた奈良県知事や吉野郡長が驚いたそうである。その揮毫には「先祖がお殿様から栄誉を受けた喜びの名声が今に伝わっている」という意味を籠められていた。

角甚旅館では、重倫侯から拝受した肖像などは家宝としてお祀りしていたが、昭和二十一年洞川大火の際に、火元が向かいの家であったために一切を焼失した。その際、徳川頼倫侯からの額面も焼失してしまった。

甚一氏は、重倫侯の肖像などを焼失したことは、実に残念、誠に慚愧に堪えず、祖先に申し訳ないと後悔したという。幸いにも、その肖像写真があったので、それを元に新しく仏師に造らせ、現在もお祀りしている。

其の後、徳川頼倫侯がご逝去なされた時、嗣子頼貞様・親類惣代徳川家達様（当時貴族院議長）・友人惣代西園寺公望様（枢密院顧問元老即ち天皇のご諮問の節に直接意見を述べる人）、以上三氏の名義で、角谷家へ葬儀の案内状を下されたので、ご葬儀に参列をされた。このことは、徳川家に記録があるとのことである。

このように角甚旅館は、紀州徳川家とも因縁があり、その故か、現在でも和歌山市から登山する多くの講社の方々が、当旅館に宿泊されている。

なお、紀州の歴代藩主の内、洞川に宿泊して山上に詣られた殿様をめぐるいくつかの逸話も伝わっている。

角甚の当主が、重倫侯を案内された時よりも、後の事であろうか、洞川の岡谷籐兵衛が、紀伊の殿様の山案内をして大変に気に入られ、ついに和歌山城下に移り住み、お仕えすることになったという話もある。桝源旅館の辺りに籐兵衛の家があり、殿様の馬をつないでいた倉もあったそうである。
なおまた、稲村ケ岳の大日山とならぶ御殿屋敷の名は、紀州侯の屋敷を設けたことに由来するという。紀州藩は、元禄十二年（一六九九）に天川役所を設けて、川迫山から木材を切り出した。北角の奥にある「百二足」というのは、当時の跡で、天川村とは関係が深い。

「参考資料」
畔田翠山『山上岳記』弘化四年　天理図書館蔵
畔田翠山『廻川山之記』弘化四年　天理図書館蔵
玉崎巳蔵『懐郷叙述』昭和五三年
岸田定雄『洞川の民俗』豊住書店　平成五年
『天川村史』吉野郡天川村役場　昭和五八年
神坂次郎「大殿様年代記　紀州家・徳川重倫」『おかしな大名たち』中公文庫　一九九五年

十四　浦上切支丹《キリシタン》の大和流配——天川における鉱山労働

九州にはキリシタン関連の地が多い。平戸・島原・長崎など。特に長崎の浦上は原爆中心地であるとともに隠れキリシタンとして知られている。この地で人生の半分を過ごした私の第二の故郷になっているが、因縁というか宿命とでも言うのか、不思議なこともある。

ある日曜日、家族で新居の奥にある小山を目指して、犬を連れて登っていったときのことである。小川の奥は狭い谷になり、棚田の畔道を上って行くと水音が聞こえてきた。さらに登ると小さなお堂が見え、鐘楼があり、傍に「醍醐の滝」という標識が建てられていた。石碑などが建ち並んだ横の谷に滝が流れ落ちて、不動様が祀られていた。

滝壷の傍に、大きな役行者の像を発見し、その裏面に子供の頃の龍泉寺の院主さん羯摩真弘ご住職の名前を見つけたときは、白い顎髭の温顔を思い浮かべたのであった。大変驚きであった。何だか、この団地へ引っ越してきたのも、役行者のお導きがあったかのような不思議な気がしてならなかった。それ以来、日曜になると、朝から子犬のポピーを連れて、行者様へお詣りするの

浦上の役行者像

が、行事のようになってしまっていた。

一方、片岡弥吉著『浦上四番崩れ』を読んで、浦上の信徒たちが大和郡山へ送られ故郷天川村の鉱山で苦しい労役に服していたと知ったときも、何と人生というのは皮肉なものかと思ったのであった。

奈良に帰郷してから、役行者の遺跡の調査をはじめた。ある年の秋、近鉄額田駅で下車して生駒の暗《くらがり》峠を越えて役行者の弟子の鬼を捕らえたという髪切山の慈光寺を目指していた途中、峠にさしかかった道中で、石碑に浦上キリシタンが辿ったと刻まれているのを発見して、改めて哀れな思いをしたのであった。

さて、江戸期、徳川幕府は、島原の乱でキリシタンに非常に悩まされた。それ以来、キリスト教をおそれて、鎖国の口実とした。しかし、真実は重税に苦しんだ農民の決起であった。

明治維新になって、長崎鎮撫総督兼外国事務総督に任命された澤宣嘉《のぶよし》は、長崎の浦上一ヶ村がすべてキリシタンであることを非常に恐れた。いつどんな争乱を、この明治維新のさなかに、ひきおこすかもしれないと非常に心配したのであった。

彼は、総督に任命された時に、これは大変な早急に解決すべき大問題であると覚悟した。丁度、そのころ明治政府は、慶応四年三月にキリシタンを邪教と排撃する掲示を全国にだしていたのであった。これを根拠に、長崎では浦上キリシタンに対する対策をすすめていた。

四月になって、浦上キリシタンの戸主百八十名が長崎裁判所に召喚されて、信仰について詰問されたが、誰も「改心することはできません」と答え、改心をしなかった。

裁判所では十三人を、見せしめに処刑して西坂にその首をさらしたので、噂は付近にひろがっていった。その後、外国からの抗議などもあり、政府は協議をかさねたが、ついに流罪処分をすることに決定した。

それは、キリシタンを他国の藩にあずけて、人事を尽くして懇ろに教諭して、良民に立ち戻らせるという趣旨であった。結局は、三年の間、改心させるために他国に送って労働させることにあった。要するに、キリシタンを諸国に分散送付したのであった。

近畿地方では、大和郡山藩の柳沢甲斐守へ百人。津の籐堂和泉守へ百五十人。和歌山の紀伊中納言へは二百五十人。また、尾張名古屋以西では、十万石以上の十九藩二十一ヶ国に、三十四家、人数は合計四千百人が、それぞれおくられたのであった。

実際に大和郡山藩に預けられたのは、戸主十人、婦女子七十六人の計八十六人であった。片岡氏によると、そのうち家族揃いが十四、家族不揃いが九家族であった。婦女子七十六人は、明治二年の暮に、長崎から時津を経て彼杵から船にのせられて、大阪の川口に上陸した。戸主たちは、別の船に乗せられて、他の藩に預ける者と一緒に汽船で大阪に着いた。

彼らキリシタンは、故郷から追放された配流の生活をすることを「旅」と呼んでいる。後に

「旅の話」としてまとめられている。

各藩によって、送られてきたキリシタンに対する処遇は、藩主の意向によって様々であった。紀州の和歌山に送られた人たちは、馬小屋に入れられた。ご飯は小さい茶碗に一膳にきまり、それも赤米のおかゆで、梅干一つ。便所に行って、かがんだら、もう立つこともできないほどで九人も死んだという。「水を下さい」と言っても、「水はない」といってくれなかったらしい。

これに比べると、大和の郡山藩の彼らに対する処置は、かなり寛大なものであった。もっとも厳しかったのは長門藩であった。

郡山についたのは、明治二年の暮か翌年の初頭であろう。郡山では、藩主の柳沢甲斐守保申公は、かねてから「流配した信徒の処遇は寛大にすべきである」と維新政府に意見を具申したほどの人物であった。したがって、藩の役人たちも藩主の意向に沿ったのである。

まず一行は、郡山城下の茶町の雲幻寺《うげんじ》（現在は大和郡山市茶町十一、良玄禅寺。昭和五十年代に改称）の本堂に収容された。ここには、すでに何処かで処刑されたものと信じていた戸主たち十名が一足早く着いていた。婦女子たちは、夢かとばかり無事をよろこびあった。

郡山藩にお預けになったのは、主として長崎の浦上地区の一本木、角ノ崎の信徒たちで、家長たち十名は、妻子と切り離されて浦上を出発したのであった。

彼らには、長い旅の苦労をいやすためにと火鉢がだされた。各人に、長旅の垢をおとし疲れをとるように風呂も用意されていた。それから毎日毎日、旅館で炊き出した十分な食事が出された。番人がついているだけで、何の不自由もなかったという。その取り扱いは、キリシタンの彼らがとまどうほどの客人扱いであったという。

実際に、その後、収容されたのは、本堂北裏側にある五坪ばかりの小屋と、この納屋につづいて建てられた細長い仮小屋であったらしい。その後、彼らは「金崎」という二階建ての立派な旅館に移された。「キリシタンはやめて、改心する」ように、役人からたえず説得がつづけられたけれども、誰一人として改心するという者はいなかった。

さらに彼らは、堺町の明石屋・魚町二丁目・錦町（柳町か？）三丁目・他に一ヶ所の四組に分けて分宿させられた。

ところが、外字新聞がキリシタンの取り扱いについて、その残酷さをとりあげたのであった。政府は、それを否定したが、駐日外交官の実状調査の申し出に困った政府は、役人を派遣する巡見命令をだしたのであった。外務大丞楠本正隆は、名古屋・津・郡山・和歌山など十二藩の実地調査を命じられた。

郡山藩の処遇は、他の藩にくらべて、信徒を優遇しすぎていると指摘された。このことが、政府から深く咎められたのである。他藩では、視察の後は、待遇がよくなったけれども、郡山藩はかえって悪くなった。炎天下に引き出されて、ドンドン働かされた。また、食事も粥をすすらされたという。しかし、大和では粥が日常食であったから、粥食それ自体が、冷遇であるとはうけとれないだろう。

明治五年、津藩など他藩預けの者、二八名が移送されてきて、郡山城三ノ丸の地に移された。よほど自由であったようで、勝手に出稼ぎもする許可もあたえられて食物も悪くなかったらしい。他藩預けのキリシタンに比べて、郡山藩の扱いは寛大であった。

ところが、明治五年の十二月二九日、十二歳から二十歳までの男女は、両親の手をはなれて奈良の大仏付近に移された。この時に、惣右衛門という男が、つぎのように抗議を申し立てた。

「お役人様、あなた方も、子供をお持ちでございましょう。子供の可愛さもおわかりにならぬ筈はありますまい。それに親と子とを引き離すという法がありますか」

これは、ただ子供が可愛くて離れ難かったのではなく、子供達が役人の口車にのせられて改心するようなことがあってはと、それが気がかりであったのである。彼は、くりかえして、決して改心してはならぬといましめ、悲壮な思いで子供らと別れた。子供らは、紙製品作りに使われながら、改心を迫られたが応じなかった。

他の信徒らは、郡山から十八里も奥にある天ノ川銀山（奈良県吉野郡天川村、浦川和三郎『浦上切支丹史』には銀山とあるが天川銅山である）に送られた。

彼らは、五条を経由したか、それとも下市から奥に入り天川の川筋を下って和田に向かったかは明らかではない。天川送りは、はじめから鉱山で働かせるためであったのだろう。

彼ら信徒は、二組に分けられ寺院に分宿させられたという。いま、近辺の寺院は、和田の永豊寺と栃尾の光源寺があるが、この寺であったのだろうか。いずれにしても、ここから鉱山の坑口まではかなり遠い。

当時の天川には、明治元年九月に開業の天和鉱山があった。この鉱山は炭焼が見つけたとも、あるいは、天和山が赤くなるのをみた和田の福知氏が、この銅山を発見したとも伝えられている。天和鉱山というのは、天和谷と桑瀬谷の鉱山をあわせたのをいうので、川瀬峠に向かう登り口の左手の谷が天和谷で、栃尾から入って行くのが桑瀬谷である。

天和谷には、本坑・サン坑・セイワの平の本坑などがあったが、明治の初期は一番下の本坑で採掘をしていたそうである。

明治の政商五代友厚氏の経営であった。

平成六年十月末に、鉱山跡を尋ねようと、紅葉の天川筋を和田に下った。天和橋を渡って天和谷の脇の急坂を登ったが、あいにく道を間違え尾根まででたが、シキ（坑穴）を発見できなかった。村人のいうには、天和橋から一時間ほどかかるという。分宿する寺から坑口までは、かなりの距離で、歩いて行くのも、真冬の寒さの中では辛いことであったろう。

キリシタン信徒が労役に服した天和鉱山における実態については明らかではないが、キリシタンの身体が強健な男たちは、この鉱山の作業に従わされた。鉱内の作業は、採鉱で馴れない者には鉱石の採掘は容易ではなかったろう。また、石炭運びも書いてあるが、この作業があったかどうか疑問である。

実働人員は、何名であったか不明である。古市から移籍のキリシタン二八人を加えて約百十四人の内、浦上切支丹は婦女子七八人、全員から十二から二十歳の若者を除くと大部分が婦女子とみなされる。戸主十名に、他の丈夫な男たちが加わった程度ではなかろうか。

女子には、苦しい作業は科せられなかったが、働けば物が充分に食べられるので、むしろ進んで働いたらしい。なお、天和谷に残存している鉱山で働いた人たちの墓碑には、長崎住人のは見あたらない。

明治三十年代の作業では、鉱夫は朝七時に本坑に下りると午後四時頃まではたらいたそうである。罪人をつれてきて足に鎖をつけて働かせたといい、監獄もあったらしいが、これがキリシタンの労働とは別であって、かなり後の事である。全盛期には、二千人あまりの鉱夫が働いていたという。

彼ら浦上キリシタンが天川鉱山で労役に服した期間は、明治五年末から翌年の四月までとしても、わずか三ヶ月余りにすぎなかったであろう。しかし、長崎育ちの彼らキリシタンにとって、真冬のこの季節は、寒く辛い忍耐の期間であったにちがいない。

各地に送られたキリシタンの窮状は、長崎や横浜の外字新聞で報道された。さらに上海や欧米の新聞にも取り上げられた。欧米の世論を刺激したのであった。

外国の使臣団から真相の糾弾や抗議が相次いだので、外交上の重大な問題になってしまった。

明治五年、アメリカ大統領は、全権大使にたいして、日本におけるキリシタン禁制を解くことが必要であるという勧告をしたのであった。アメリカでは、人々の信仰良心を束縛しないで、宗教には寛容であった。これが、人々にたいして、富と幸福をもたらす所以であると、一切の制限を設けてはいないと説いたのである。

政府も、相次ぐ外国からの世論の抗議によって、ついにキリシタン弾圧政策を廃止することを決めた。明治六年（一八七三）三月十四日、太政官通達でもって「長崎県下の異宗徒の帰籍」が命令された。二百六十年ぶりのことである。

こうして、四月に長崎に帰国の命令がでた。子供達は、そこそこに急いで旅装をととのえていると、その翌日には天川村から親たちが尋ねてきた。無事をよろこびあって、徒歩で神戸まで行き、宣教師らの斡旋によって海路、無事に長崎に帰りついた。

郡山藩預かり一一四人（郡山には八六人・古市には二八人）、改心した帰還者は二一人（ただし古市預かりで、きびしく改心を迫られたという）、死亡者九人、生児四人、改心しないでキリシタンとして帰還者は一〇七人であった。

なお、大和郡山行、流配者の名簿には九三人の氏名がある。

長崎には、最初に和歌山から四月七日に五十三人が帰ってきた。流配者全員三三八〇人のうち一九三〇人が帰った。死者五六二人で、一〇二二人は改宗していた。彼らキリシタンからみれば落伍者であった。帰郷はしたものの、彼らには苦しい生活がまちうけていたのであった。

大和郡山雲玄寺の記念碑

大正十五年七月、彼ら流配殉教死した六名の切支丹碑一基が、大和郡山市雲幻寺の境内に建てられた。建立者は刻まれていないが、久保忠八氏は「ピリオン神父」と確信されているようである。今は、城南町一－三三、大和郡山カトリック教会の庭の向かって左奥に移された。

切支丹流配碑として旧の碑は、表と裏に切り離し正面に左右に組み込まれ、昭和四四年に新しく建て直されている。右側面に建立者氏名、左側面には流配者の八十余名の氏名が刻みこまれている。

正面下段には、つぎのように由来が刻まれている。

幕府は慶長元年（一五九六年）以来三百年間切支丹に対し邪宗門信奉の故をもって間断なき惨虐苛酷なる迫害を敢行して無数の鮮血を流した。

幕府倒壊後も維新政府は切支丹を一気に殲滅せんとして、七代に亘って潜伏を続けた長崎県浦上村民三千四百十六名を悉く捕縛して明治二年末家族を分散総流罪に処した。大和郡山藩に流配された戸主十名と婦女子七十六名は茶町雲幻寺に五年余の雨露風雪を凌ぎ連日執拗なる改心説諭峻厳酷薄な責苦に毫も屈することなく九名の殉教死者を出しながらも頑強に棄教を拒み飢餓と寒気に耐え病魔と斗い厳しい労役に服して明治六年解放されて故郷浦上に帰った。
吾等流配者の遺族は切支丹総流配百年祭に当りこの碑を建立して祖先の難渋を忍び尊崇の記念とする。

昭和四十四年十一月三日
長崎市浦上切支丹大和郡山流配者遺族会

毎年、十一月三日には追悼ミサが行われるそうである。

浦上キリシタン天川流配の伝承は、今は現地にほとんどのこされてはいない。これにくらべて、三年間を過ごした大和郡山でさえも、浦上キリシタンのことは土地の人に伝承として残っていないというから、天川で忘れ去られているのも当然かもしれない。いま、天和鉱山のあった周辺の渓谷は杉・桧と松が植林されて、一時は二千人余もの人々でにぎわったというのは、夢のようである。私にとって浦上は、人生のもっとも大事な時期をすごした懐かしい土地であるが、彼らキリシタンにとって天川は忘れ去れない煉獄の地であった。因縁の糸は不思議にもつれることもあるようだ。それにしても、カトリック信者の村人にまじって、今も浦上三川の「醍醐の滝」で行をする役行者の信仰者がいるのも現実である。昔であればさしづめ浦上の「かくれ行者」であっただろう。醍醐の滝の行者様も、長崎大水害で流され、ようやく発見された像は、無惨な状態で、その姿が寺の一隅に置かれている。

「参考文献」

一、片岡弥吉『浦上四番崩れ』筑摩書房　昭和三八年
二、『大和郡山市史』大和郡山市役所　昭和四八年
三、薮景三「天川村の銀鉱山で苦役」『大和路哀史』（四四）奈良新聞　昭和六〇年
四、『天川村史』奈良県吉野郡天川村役場　昭和五八年
五、久保忠八編『大和郡山流配浦上切支丹史』（昭和四四年）には次の記録がある。
久保忠八「大和郡山雲幻寺巡礼記」浦川和三郎『浦上切支丹史』「大和郡山行流配者名簿」
六、浦川和三郎「旅の話」『世界ノンヒクション全集』第三九巻（郡山藩の部は欠けている）
七、大和郡山カトリック教会編・発行『やまと郡山教会二五年の歩み』昭和五五年

十五　春雪に散った若い命——大阪府立天王寺中学二少年の遭難死

大峯の戸が開くと、洞川の旅館には小学生から高校生まで林間学校が開設される。学校によって時期はまちまちであるが、戦前のように夏休みになってからというのではない。大峯登山も、また女人大峯といわれる稲村ケ岳も、特に危険視されることもなく、夏の学校行事の有力な候補地である。

その大峯で今から七六年も前、雪中の登山によって遭難死した二人の中学生がいたことは、ほとんど知られていない。山上ケ岳を目指して洞川を出てから、かれこれ二時間ぐらいで、吉野からの登山道と洞川からの道が合流する洞辻茶屋がある。その手前の道端から、少し谷に降りた向こうに、遭難碑が寂しく建っている。

登山者は、疲れの一入《ひとしお》激しい頃なので、その存在にも気付かないで登り続けることが多い。この碑は、四月の雪に、この付近で遭難した二人の中学生の死を悼んで建てられたのである。それは、三学期も終わり、新学年を前にして、楽しい筈の大峯登山が、異常天候の大雪のために道を

二少年の遭難碑

失い、若い命を雪の中に絶ってしまった悲劇であった。

最近、登山する中学生も多いが、山に対する一つの警鐘として、当時の事情を新聞を資料としながら振り返ってみよう。当時の中学は、まだ学校も少なく、奈良県内でも、畝傍・郡山・五条の三校しかなかった大正六年の頃のことで、中学は五年生までであった。

大正六年（一九一七）四月五日、下市警察署と洞川青年会に対して二人の中学生が山上ケ岳に登った筈なのに、いまだに帰宅しないので捜索してほしいという依頼があった。

事情は、つぎのようであった。

三月に無事、三年生に進級した大阪府立天王寺中学校の生徒龍村平君と植村嘉一君、ともに十六歳が、三月の二十七日に「一寸高野山から吉野の方へ遠足してくる」と父兄に告げて出発したが、それから五日になっても帰宅しないというのであった。

彼等は二十七日には高野山で一泊し、翌日は吉野郡の大塔村の中原の旅館で泊り、自宅にも通知をしているのであった。友人には、雪中探検の企画があるように伝えていたという。

それから、おそらく和田から坪の内、川合を経て、二十九日の午後四時半頃に、洞川についている。洞川の下の方で、たまたま二人は村の老人に出会っている。老人は見慣れない若い二人の学生に聞くと、これから山上ケ岳にのぼると云うのを聞いて戸惑った。そんな格好では山上は寒いから、この上に旅館があるから泊った方がよいといって、登山するのを制止した。しかし、二人は聞き流すようにして、足早に雪中の大峯に向っていったらしいという。おそらく、二人は思案しながらも予定の行動をとったのであろうが、時刻はすでに山に登るにはかなりおそかった。

ここまでは、二人の行動は確実にわかっていた。

両人とも冒険好きな少年であった。寒いなかでもアワセ一枚に足袋もはかず、健脚が自慢の探検狂であったという。それ故に、父兄は高野から吉野に行くというのも許して、出発の際に、道中は充分に注意して、決して無理なことをしないように、こんこんと注意をしたという。一人は四円、もう一人は八円を旅費としていた。二枚のシャツを着た上に、当時の小倉の制服を着ていたが、もう春めいて温かかったためか、オーバー（当時は外套といった）も持たずに出かけていったた。所持品は、参謀本部発行の地図・時計・磁石・ローソク・マッチなどで、ズックカバンに入れていた。この他に、食糧品も持っていたには違いない。彼らの一人は靴をはき、もう一人はワラジばきであった。

捜索隊が組織された。巡査、医者、各一名、洞川の在郷軍人・青年会に付き添いの十四名であった。一同は、先ず、洞辻茶屋を目指して大峯に向かった。茶屋までは、八十丁で、この間には、まだ、はっきりと彼らの足跡が残っていた。しかし、さらに奥の鐘掛岩の手前十五、六丁(これは距離的におかしい)のところまでくると、急に足跡が消えてしまっていた。捜索隊の考えでは、彼らは洞辻茶屋に引き返した様子であった。茶屋には、鍋と茶碗が二個あったので、そこで食事をしたらしい。

二人が洞川で、老人から引き留められてからの時間をもとに考えると、夜の九時半までは月明かりがあるから、多分この茶屋で一夜を明かしたに違いないと推定された。

一夜あけて、七日の朝から捜索が始まった。洞辻茶屋から吉野に下る大天井ケ岳の方に数丁行くと、大台ケ原と吉野に出るための分かれ道になる。足跡は、このコースを辿っていた。しかし、時には断崖に沿う深い谷を横切っていたので、捜索隊員も雪に苦労して、困難はひととおりではなかった。この辺りは険しく、馬の背中のようで、一同は全く決死の覚悟であった。

ようやく、山腹に子供用のワラジが一足脱ぎ捨てられているのを発見した。もう、すでに、一人は足袋裸足になっていると思うと、隊員一同も哀れな思いをしたことであろう。

この辺りまでは、雪があったので、足跡があった。しかし、今宿の付近は断崖と樹木のために、ついに足跡が無く、全く判からなくなってしまった。折りからの雨に、一日を費やした隊員たちは、川上村の柏木に降りた。八日、勢ぞろいしてから三隊に分かれて捜すことにした。

洞辻から歩いて、先の分かれ道から吉野へは七里、また大台に通じる道もあるので、どちらに向かったか定かではなかった。そこで、八日には捜索隊が三組に分かれ、何らかの手がかりが得られた場合には、空鉄砲を射って合図をすることにした。

もしも、少年たちが二十九日に洞辻茶屋に一泊し、翌日の早朝に出発したとすると、正午頃には、その付近に来ている筈である。もし、食糧さえ充分であれば歩き続けられるから、どこかに迷っているか。あるいは何かの困難に出会っているに違いないと、捜索隊も思案にくれていた。

二少年が山に消えてから、すでに七日間も経過していた。捜索隊は洞川に下山し、改めて捜索方法を検討した。その結果、洞川村民百四、五十人の大捜索隊を編成することにした。九日の午前六時に出発した一同は、捜索本部を洞辻茶屋においた。十三隊に分かれ山上ケ岳一帯をくまなく捜すことにした。付近の雪は、三尺（約一メートル）余りも積もり、深いところは一丈（約三メートル）を越えていた。

各隊は、手分けして雪の中を必死の思いで若い命を捜しもとめた。時には、大声で連呼した。しかし、反応はなかった。各人はいろいろに思いを馳せながら、昼食の握り飯をほおばった。午後、ようやく捜索隊員も、疲れきった頃、突然合図の鉄砲の音が響いた。皆、がっくりと腰をおろした。丁度、時刻は午後三時三十五分をさしていた。洞辻から下手の水呑谷の付近であった。発見者は、東谷竜二郎、辻國松の両氏であった。

一人は友のカバンを肩に掛け、自分のカバンに顔をつけ、他の少年は額に手を当てあおむけになっていた。二人ともに、足袋裸足であった。

それまでの事情を総合すると、二十九日洞辻茶屋に泊まり、そこから吉野を目指して鞍掛までたどりついていた。そこで、焚火をしてキャラメルなどを食べたが、寒さと疲労に弱り果てて、洞川にひきかえそうとした。その付近から洞辻の方を振り返ると、右手にはるか下に洞川が見える。そこで、カツエ坂の急な坂道を避けて近道をしょうとして水呑谷に降りたらしい。しかし、そこは両側に小杉が茂って残雪も七尺（約二メートル）ばかりもあった。二人とも凍死であった。「ふたりとも小倉服のボタンがはずされいたるよりみれば、互いに肌と肌を合わせて暖め合いしものと思はるる、友情のほど愛すべし、殊に植村が龍村のカバンを持ちいたるを見れば、龍村が先に弱りしため、持ってやりしものと思はる」と、新聞は二人の友情の厚さを感激しながら伝えている。腕時計は、二時半でとまっていた。

二少年の遭難の原因について、つぎのように語られている。旅行予定を見ると二十八日のところに、「午後三時山上ケ岳、同五時半洞辻茶屋一泊」とある。この茶屋を、いかにも宿屋のありそうなところから、一泊と予定したのであろうが、事実は、茶屋とは名ばかりで、無人、宿屋ではなかったのである。

二人は、洞川の老人から「上」に宿屋があるときいたのを、洞川の上手ではなく、地図からの先入観から洞辻茶屋と思いこんでいたらしい。ところが、予想外の深山で、ついに夜になってしまった。後戻りをしょうとして洞川の夜の灯を下手に見て下り、水呑谷に落ちて、凍死したようである。洞辻を宿屋のあるところと思いこんだのが、今回の惨事の原因であろうとしているが、単にこれだけに帰することができようか。

二人の遺体は、洞川を真夜中に出て小南峠を越えた。折りからの春雨の中、林間に点滅する提燈の灯を送る村長さんはじめ村人の心にも哀れがひとしおであった。五里の道を越えて、翌朝七時に下市に着いた。

一少年の祖父は、六十六歳の高齢にもかかわらず下市まで付き添っていた。老人は、いつもならとても無理なことであろうが、気が張っているのでと涙ぐんでいたのに、思わず人々の涙をさそっていた。白布におおわれた棺には、小さい靴が結び付けられていた。

余りにも若い命が散っていった。深い雪と寒さの中にたおれ、額に手を当てながら、なにを思い何を考えていたことだろう。彼らを想い、両親らのことを考えると、胸が痛む。謹んでご冥福を祈る。

この原稿を書き終えたばかりの時、テレビは山の遭難のニュースを報じていた。それは、吹雪の立山連峰で京都・滋賀のパーテイが遭難したという。それは、四十五歳から六十六歳の熟年の男女、十二人で八人が凍死した。リーダーは、冬山にも慣れた人であったというのに。原因は、日本列島を急に包んだ悪天候で、「天候急変が怖い高峰の登山」として、注意を喚起していた。若い二人の死に比べて、これらの人々の遭難を何といってよいだろう。やはり、天候の急変は恐ろしいものである。

昭和の初め頃、女人結界の母公堂の側に、「女人登山、雪中登山、共にここより禁制」という立札が建ててあった。そのため、山上ケ岳に対していっそう崇高さを加えたようであるが、おそらく二少年の雪山遭難を契機として、改めて雪中登山の禁制が唱えられたのであろうか。

大和アルプスに対する登山熱！

二人の中学生が挑んだ山上ケ岳は、当時登山熱が高まっていた時期であった。大正三、四年頃になって急に吉野群山への登山熱が高まった。日本アルプスに対応して大和アルプスと呼び、大阪朝日、大阪毎日の両新聞社が先を争って大峯に登った。それは、大正五年の夏のことであった。この時、明治以後、途絶えていた奥駈の大日ケ岳から南を縦走した記録は新聞に連載されて、特別に興味を引いたようである。二少年が、これらの記録に感動を覚え、探検へと刺激されたのであろうか。彼らが、大峯山に挑戦したのは、翌大正六年の春である。

大正十二年には、郡山中学山岳部が大峯山脈の縦走を試みている。洞川、山上、弥山、前鬼に泊まり、嫁越峠、平治宿、怒田宿、上葛川、玉置山を経て瀞八丁まで足をのばしている。

その後、しだいに大和アルプスに対する関心をさそい、日本アルプスとの優劣なども論じられ、いっそう登山熱が高まったようである。

十六　女嫌いの大峯山――女人禁制の山上ヶ岳

昭和三一年七月、各新聞は、「女嫌いの大峯山」「女人禁制なぜ押し通す」あるいは「地元民は大峯で食う」などの見出しで、大峯山の女人禁制の問題を大きく取りあげた。東京から女性登山隊が、大勢で押しよせてくるという。

思えば、一人の男が投げた「女を連れて登ってやる」という一石によって、洞川をはじめマスコミや大峯山信徒の多くが振り回わされたのである。引かれるままに、大峯山の女人禁制の問題に立ちいらざるを得なかった。明治から昭和の時代にかけて、大峯山には女人解禁の波が、いく度も押し寄せてきた。その都度、洞川では人々が一致して対応し、今もなお女人禁制を頑固に守り続けている。

しかし、解禁の動きは何を契機としておきるかわからない。洞川に生れたという宿命から、改めてこの問題を回顧してみたいと思う。洞川にとって、大峯山の女人禁制についての問題は、古くて新しい問題でもある。

明治の時代にさかのぼってみると、まず解禁運動の第一波は、明治五年の「女人結界があるところは、今後廃止し登山参詣は勝手にしてもよい」という主旨の太政官達九八号による改革であった。明治以前には、女人禁制の山や寺院は、日本全国のいたるところ多くみられた。しかし、制度改革の嵐によって、女人禁制の鉄則は大部分おし流され、高野山でさえも解放され、また金剛山のように解禁に伴う流血の騒ぎさえもあった。(2)

大峯山の明治の解禁の嵐は、具体的には吉野蔵王堂の山開きに女人を登らせようとした吉野側の意向にもとづくのであったが、洞川側の反発によって禁制は維持された。当時の大峯の女人結界は、吉野は金峯神社先の大滝の分岐点、洞川は母公堂、東の川上村の柏木側は阿弥陀ノ森であった。洞川の龍泉寺の境内は、もちろん、禁制であった。当時は寺の門前すら通行できなかった程に厳しく守られていたという。

昭和の最初の解禁の嵐は、日本の国立公園の設定にともなう運動であった。昭和七年に国立公園設置法が制定され、その実施にあたり、大峯山を含む吉野熊野地域が関西地方の候補地としてあげられた。この問題に対する洞川区の対応であった。

昭和六年の四月、岡部子爵を団長とする国立公園調査団が洞川にきた。その時、委員は、大峯山が古来から女人禁制を堅く守っている霊山であることを、もちろん知っていた。団長の岡部子爵は、「大峯の女人禁制など、国立公園問題で吹っとばされるだろう」と新聞記者に語っていることから案外に軽く考えていた節がある。しかし、その際に洞川区でも動きがあった。女人禁制のような規制があれば、国立公園に指定されないかもしれないことを危惧した。国立公園とは国民全体の公園であるから、指定されるためには女性に解放にした方がよいと判断して、昭和八年に女人禁制の鉄則を廃止することを決議した。しかし、事はそう簡単には運ばなかった。

これを聞いた大峯山の護持院や大きな講社は、猛烈に反対に立ちあがった。大峯山寺に対して全国に多数の会員をもつ神変講が、反対決議書を付きつけた。大峯山寺は、信者があってのことで、寺は護持院・講社および地元区民の三者代表によって管理・運営をされているから、一方的に洞川区が解禁に賛成しても、講社の反対によって決議は撤回せざるをえなかったのである。

昭和の第二の解禁運動は、第二次世界戦争の戦後におきた。日本の民主化を契機とし、特に男女同権の主張に力を得て、大峯にも女性解放の嵐は猛烈におそってきた。現実には、次のような経過で起きたのである。

昭和二一年七月十一日に、川上村柏木からGHQ（連合軍総司令部）のアメリカ女性をまじえた一団が登ってくるという急報が届いた。泣く子と地頭には勝てぬというが、当時進駐軍の権限は、非常に大きなものであった。彼女は、吉野郡の森林の調査に来ていたが、宿屋で女性が登れぬと聞いて義憤を感じて登ってくるらしい。

早速、洞川では柳谷区長を総指揮として登山の阻止隊をつくり龍泉寺山篭所に集結し、銭谷修氏が交渉委員になった。柳谷区長は、連合軍総司令部との間にトラブルがおきるのを最も心配して、手を振りあげるなど絶対にしてはいけないと自制をうながした。相手は、あるミシン会社の

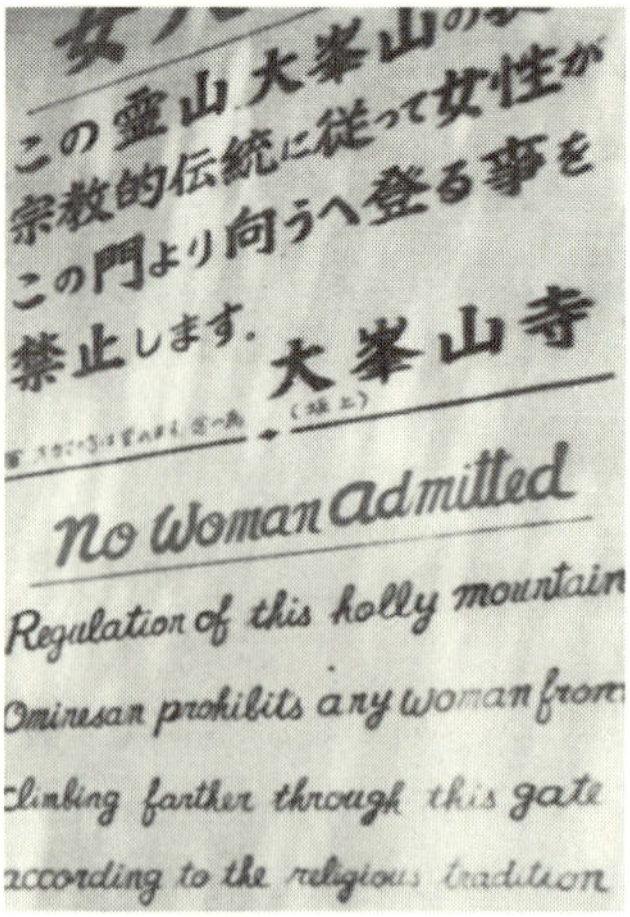

女人禁制の掲示

女子従業員と大阪の女学校の教師の合わせて十数人、これを引きいる男性の登山者一人。しかし、論戦の末に説得されて下山していった。おそらく、もっとも説得力があった要件は、キリスト教における男子禁制の修道院の存在を、大峯の伝統を守る盾としたことであろう。

一難去ったけれども今後のことが心配された。そこで、大峯山信徒総代の宮田金寿氏は、連合軍の奈良軍政部に詳しく事情を話した結果、大峯山の歴史的な事情は了解された。登山口には、次のような立札が立てられた。

「大峯山寺ハ千三百年以上女人禁制ノ伝統ヲ確守シ、コノ山ノ信仰ヲ保持シタル事ヲ認メ、我々占領軍ハ日本宗教ノ権利ト伝統ヲ尊重スルモノナリ」

奈良軍政部陸軍中佐

エス・ヘンダーソン

大峯山の女人禁制は、かくして厳守された。ここで幸であったことは、ヘンダーソン中佐が正倉院など文化財の保存などにも理解・協力を示した人物であったことで、もしも改革派の人物であれば、その時点で大峯山は女性に解放されていたかもしれない。おそらく、米軍は奈良・京都を爆撃から避けた事実にみられるように、古都奈良を守るにはふさわしい人物を軍政部司令官に任じていたのであろう。

ところが、再び日本女性による問題が起きた。昭和二二年七月、四国石槌山の女行者による役行者のお告げとする解禁事件。しかし、彼女自身の登山中止という神がかりによって解決した。さらに、女次郎長こと大峯山大先達、橿原市に住む当時五一歳の女性が、同行四人と大峯登山を決行しょうとした。洞川区民のピケラインを突破して六合目の伯母峯まで強行した。しかし、洞川区々長の太田辰造氏は説得し、もし将来女性の登山が解禁される時には先頭に立てると約束し、彼女らは下山した。

女人結界門と掲示板

昭和三〇年。洞川の持景橋から女人結界である母公堂までの道が、村道から県道に昇格した。この年の八月、今では伝統的な行事になっている「行者祭」の新しい企画も実施され、洞川にも活気がでてきた。

しかし、翌年七月のこと、しばらく鳴りをひそめていた女人禁制問題が、ふたたびもちあがってきた。東京から女性登山隊が、大峯山に大勢でおしかけてくるという不安な情報が流れてきた。新聞は、「修行の邪魔者あつかい、大峯山は原始仏教の名残」「ゆらぐ千三百年の伝統」など書きたてた。それに洞川の立場を「地元民は大峯で食う」あるいは「経済問題もからんで」と、かなり地元を牽制したような表現で、洞川は苦境に立った。

丁度、日本のヒマラヤ登山隊が、山麓のサマ部落の人達によって入山を阻止された問題が、時期を同じくして起きたのであった。洞川の村人が、ヒマラヤ山麓の住民たちと同様に、無理解であると思われたことは否めないだろう。

しかし、現実に来たのは「登山とスキーの会」の会長という先にあげた山本さとし氏と一人の女性だけであった。県当局も斡旋に乗りだしたけれども、話は平行線をたどり話し合いはつかず彼等は登山を諦めて帰った。

最近、当の山本氏は、「大峯山周辺の稜線は全部女性は登れないという。それが個人の私有地というなら話は別だが、あらかた国有地で国立公園に指定されているのだ。そんなバカなことがあってたまるもんか、と思った。…中略…　それまで、いくたのトラブルがあったという。土地の女性は、キノコ取りなど山に入るというのにおかしな話である。それなら、女性を連れて登ってやると声明した」と当時の問題の発端について書いている。

この事件の過程において、「女人禁制の区域は、大峯連山から山上ケ岳に絞られる」という重要な見解が洞川から示された。将来の禁止区域の縮小を考慮してのことであった。女性が、奥駈けや稲村ヶ岳に登山してもよいという意思表示でもあったが、それらの区域には女性登山者がすでに見うけられていた。弥山などは、現実に解放されていたが、正式には言明されてはいなかったのである。

昭和三五年、七月十日。この日は洞川の人はもちろん大峯信仰の信徒たちにとって記念すべき日となった。昭和二一年に焼失した龍泉寺の本堂その他が再建され、その落慶法要がおこなわれた。これを機会に、女人の入門を禁止していた龍泉寺の境内が解放された。時の住職は、岡田戒玉氏である。

さらに、昭和四五年の大峯山寺の総会において、つぎの提案がなされた。禁制区域は、吉野側の青根ケ峯から五番関に、洞川側の母公堂から清浄大橋へ、柏木からは小笹へ、南は山上辻からレンゲ辻の線への縮小である。大阪万国博を契機として近鉄の申し入れ(3)もあった。当然のことながら、八役講社は反対をしたけれども、全面解除ではなく縮小であること、また時流にしたがわざるをえないということから、やむを得ず承認されて現在にいたっている。

修養道場として、男性修行者の山上ケ岳、女性修行者には稲村ケ岳（女人大峯）というのは、ほぼ定着しているのではなかろうか。しかも、昭和五六年には、聖護院による大峯奥駈の深仙潅頂が、初めて女性にも開壇された。また、東南院の南奥駈には、今では多く女性も参加している。このように、解禁の波は潜流となってしずかに寄せている。

高野山は、すでに明治五年三月に太政官布告によって女人禁制を解いている。四国石槌山も、戦後の思想改革によって昭和二十二年から解禁された。当初は山開き中の六日からであったが、さらに短縮されて現在はお山大祭中の一日になっている。[4]

また、東北の出羽三山も、第二次世界戦争後の昭和二十五年にやっと禁制も解けて、女性も峯入り修行に参加が認められるようになった。

しかし、大峯山の他にも女人禁制の山がある。「西大峯」と称される後山では、今でも女人禁制は守られている。後山（一三四五メートル）は行者山とも呼ばれ、岡山県英田郡東粟倉村の東にそびえ、兵庫県宍粟郡千種町との境にある。真言宗、延命山道仙寺が管理しているが、今も女人禁制が厳重に守られている。山の中腹にある母子堂までしか女人は登れない。[5]男子禁制の修道院や尼寺は、依然として、その伝統を固守していることも厳然とした現実である。あるいは、高野の真別処や、また奈良二月堂の修二会でも、女人禁制は堅く守られている。こうした特定の場所や行事に女人を禁止している例は他にもみられる。

そのむかし、都を後にした源義経のあとを追った静御前も、大峯の入口にさしかかった時、金峯山寺の僧にはばまれ捕えられてしまった。女人禁制のおきての前には、強気の静御前もなすすべがなかった悲劇である（『吾妻鏡』）。

解禁運動の波は去ったわけではない。運動の契機を異にしながらも、大波となり小波となり、余波をともないおし寄せてくる。本来、国民全体のものであるべき国立公園内の山に女性が登れないと義憤を感じる人も、大峯信仰の洞川や講社の人たちからみれば、あるいは異端者かもしれぬ。信仰の問題は、理論のみで解決することも難しい上に、一般の人々と大峯の信者の間には、考え方にも相当に大きなギャップがあるように思われる。

この問題に対する宗教家の意見も、なかなかに慎重のようである。大峯山が将来女人解放するかどうかという質問に対しても、「ご本尊の思し召しに、おまかせするしかない」という護持院側の老師の答えもある。

また、女人禁制を支えてきた根底には、日本の水田稲作社会における山の神・水の神の信仰、また具体的には雨請いや田の虫除けなどにみられる慣習がある。しかし、生業形態そのものも、また社会情勢も大きく変っている現在、こうした信仰や慣習が、そのままの形で存続することは考えられないかもしれない、という学者の意見もある。こうして、時流に添いながら解放への意向は潜在的な流れから、しだいに具体化してくるだろう。

終りに、女人禁制問題の対応に関して、吉野熊野国立公園の父とも云うべき岸田日出男氏(6)が述べられている貴重な意見を参考として掲げておきたい。

「約言すれば、女人解禁問題は、十二分に念を入れて広くかつ深く研究した上で、初めて問題として取り扱うべき事柄であって、軽率に解禁を実行すべしなどということは自殺的行為である。また、かりに解禁を決議するにしても十二分に研究し尽した上で、いささかも異論なきにいたり、満場一致でもって初めてなすべきもので、決して多数決で実行すべき性質のものでないことを堅く信ずる。多数決ということは、すなわち無理があることを意味する。もし、はやまって失敗すれば、何の顔があって神変大菩薩の御前に額づき得ようぞ」
と、このように慎重に検討すべき問題である。

註

（1）山本さとし『持統女帝の謎』一六六〜一六七頁　立風書房、一九八八年
（2）池田末則『大和の古道を行く』一三一頁　大阪書籍　一九八四年
（3）『毎日新聞』　昭和四四年　十月三〇日
（4）西海賢二『生活のなかの行道―石鎚信仰の深層』一七頁　福武書店　一九八七年
（5）三浦英宥「美作の山岳伝承」『修験道の伝承文化』四六五頁　名著出版　昭和五七年
豊島修「後山修験と後山山上講」『大山・石鎚と西国修験道』一八八頁　名著出版
昭和五四年
（6）岸田日出男・笹野良造『吉野群山』二一五〜二三五頁　郷土研究社　昭和十一年

あとがき

吉野の奥の修験の聖地大峯山麓に生まれた私は、小学校の義務教育を終えると中学から異郷で過ごし、長崎は第二の故郷になりました。病気退職、長い学究生活から、奈良へ帰るまで、懐郷の思いを持ちつづけていました。

ようやく健康をとりもどしましたが、この間、郷土も少年時代を過ごした当時とは、戦後の大火で街の様子が一変していました。大きな変化は、山上参りお客さんの減少で、戦前は大勢の講社の登山は賑やかなものでした。それに伴い新しく開発した温泉によって洞川温泉として、旅館も団体宿から個人向けの温泉宿に変わって、旅館から洗濯し糊付けした浴衣を叩く砧《きぬた》の音は、もう早くから聞きたくても聞かれなくなっています。

実家は、役行者の創製という陀羅尼助を家伝薬として製造し、日頃、役行者を信仰し、祖父や両親から「行者さんのお蔭」と聞かされながら育ちました。それで退職後始めたのが、役行者伝の調査・研究?と郷土誌の調査であったのです。役行者や、また郷土の歴史や風習など、いろいろと郷土について、もっと知りたかったのです。

色々と調査をしている内に、面白い昔話など拾い出しました。どうしても過去にさかのぼって古い資料を集めるので、村人さえ知らない出来事なども拾い出すことができました。

そうして知り得たことを取りまとめては、ささやかな郷土誌『宇下《うげ》の洞話《どうわ》』（方言で自称、私の郷土洞川の話）を編集し発行して、郷里の人達に配布をつづけてきました。

まだまだ、この仕事を続けたいのですが、卆寿を迎え、七十余号を持って幕を閉じる事にしました。これらの郷土誌の記録から、卆寿記念とも思い、新たに編集したのがこの本です。

資料の調査に際しては、奈良県立図書館や天理図書館をはじめ各地の図書館、博物館や資料館、多くの方々のお世話になりました。記して深くお礼を申し上げます。

出版に際しては、東方出版社長今東成人氏から温かいご配慮を頂きました。深くお礼を申し上げます。また、各地の山登りや野外の調査の度に、常に同行して下さって出水元一氏、絶えず資料の提供など頂いた銭谷伊直氏に対し深くお礼を申し上げます。

平成二十三年十一月二十日

初出一覧（『宇下《うげ》の洞話《どうわ》』より）

一　行者の衣食――葛を衣に松を食う（平成三年十二月）
二　山中にただよう芳香――麝香《じゃこう》を放つ怪しい糞（平成十一年六月）
三　怖ろしい岩茸採り――手離した命綱（平成二三年三月）
四　山上土産の天狗尺――石楠花の尺同箸（平成十三年十二月）
五　大峯の篠竹の功罪――大阪城への献納矢竹（平成二一年三月）
六　幻の吉野人参――直根人参考（平成二一年九月）
七　奥吉野の生物――コマドリとミツバチ、鹿・熊・猪たち（平成七年三、六月）
八　幻のツチノコ――オノコロヅチは生きている！（平成六年九月）
九　理源大師の金の眼――盗まれた銅像の目玉（平成十二年九月）
十　往《い》のうと鳴る鐘――鐘掛行場の由縁（平成十年十二月）
十一　無くなったか岩屋修行――どこに消えたか川上の岩窟（平成二一年五月）
十二　祇園の宿か寺祇園か――関白藤原道長の金峯参詣（平成五年十二月）
十三　縛られた紀州の大殿様――豪胆な山案内角甚旅館の当主（平成十四年三月）
十四　浦上切支丹《キリシタン》の大和流配――天川における鉱山労働（平成五年七月）
十五　春雪に散った若い命――中学二少年の遭難死（平成二年九月）
十六　女嫌いの大峯山――女人禁制の山上ヶ岳（平成元年八月）

銭谷武平《ぜにたに・ぶへい》

1920年、奈良県吉野郡天川村洞川に生まれる。九州大学農学部卒業、長崎大学名誉教授、農学博士。退職後、『陀羅尼助—伝承から科学まで』（1986年、薬日新聞社刊、共著）・『役行者ものがたり』（1991年、人文書院）・『役行者伝記集成』（1994年、東方出版）・『役行者伝の謎』（1996年、東方出版）・『大峯こぼれ話』（1997年、東方出版）・『畔田翠山伝』（1998年、東方出版）・『大峯縁起』（2008年、東方出版）を著し、また大峯山系の自然誌などの調査をつづける。

大峯今昔《おおみねこんじゃく》

2012年（平成24年）3月24日　初版第1刷発行

著　者——銭谷武平

発行者——今東成人

発行所——東方出版㈱
〒543-0062　大阪市天王寺区逢阪2-3-2
Tel. 06-6779-9571　Fax. 06-6779-9573

装　丁——森本良成

印刷所——亜細亜印刷㈱

落丁・乱丁はおとりかえいたします。

ISBN978-4-86249-194-7